MARCO POLO

Dominikanische Republik

Reisen mit **Insider Tipps**

W0175201

Diesen Reiseführer schrieb Gesine Froese.
Die freie Autorin ist seit 1992 auf die
Karibik und Lateinamerika spezialisiert
und recherchiert regelmäßig vor Ort.

www.marcopolo.de

Infos zu den beliebtesten Reisezielen
im Internet, siehe auch Seite 103

SYMBOLE

 MARCO POLO INSIDER-TIPPS:
Von unserer Autorin für Sie entdeckt

 MARCO POLO HIGHLIGHTS:
Alles, was Sie in der Dominikanischen Republik
kennen sollten

HIER HABEN SIE EINE SCHÖNE AUSSICHT

WO SIE JUNGE LEUTE TREFFEN

PREISKATEGORIEN

Hotels

€€€	über 75 Euro
€€	35–75 Euro
€	bis 35 Euro

Preise für ein Doppel-
zimmer. Die Hotels der
gehobenen Preisklassen
sind pauschal gebucht
erheblich preiswerter.

Restaurants

€€€	über 20 Euro
€€	12–20 Euro
€	bis 12 Euro

Die Preise gelten für
ein Essen mit Vorspeise,
Hauptgericht und
Nachtisch, aber ohne
Getränke.

KARTEN

[114 A1] Seitenzahlen und Koordinaten
für den Reiseatlas Dominikanische Republik

[U A1] Koordinaten für die Karte Santo Domingo
im hinteren Umschlag

[0] außerhalb des Kartenausschnitts

Zu Ihrer Orientierung sind auch die Orte mit
Koordinaten versehen, die nicht im Reiseatlas
eingetragen sind.

GUT ZU WISSEN

Dominikanische Spezialitäten **20** · Der »Beschützer der Indios« **36**
Streit um ein Skelett **45** · Haiti **49** · Der erste Guerillero **53**

INHALT

Die wichtigsten
MARCO POLO Highlights

Sehenswürdigkeiten, Orte und Erlebnisse, die Sie nicht verpassen sollten

 Karneval in La Vega
Mit seinen hinkenden Teufeln, den *diablos cojuelos,* lockt er Tausende Schaulustige in die Stadt (Seite 25)

 Isla Cabritos
Die kleine Insel im 40 m unter dem Meeresspiegel gelegenen Enriquillosee ist ein Refugium letzter wilder Krokodile (Seite 29)

 Isla Saona
Robinson-Feeling auf der Insel der einsamen Fischer und paradiesischer Platz zum Baden und Relaxen (Seite 33)

 Cueva de Las Maravillas
Die schönste Höhle des Landes, ehemaliger Kultplatz der Taíno, wurde wie ein Museum hergerichtet (Seite 38)

 Altos de Chavón
Publikumsmagnet über dem Río Chavón: das Kunst- und Künstlerdorf mit romantischen Restaurants und großem Amphitheater (Seite 39)

 Zona Colonial
Hier in Santo Domingo fing alles an: die erste Kirche, das erste Kopfsteinpflaster (Seite 40)

 Fundación García-Arevalo
Einzigartige Sammlung schöner Taínokunstwerke in Santo Domingo (Seite 47)

Fortaleza Ozama in der Zona Colonial von Santo Domingo

Riverrafter reizt der Río Yaque

 **Parque Nacional
Los Haïtises**
Entdeckungsfahrt in die
Vergangenheit: per Boot in
Höhlen mit magischen india-
nischen Zeichen (Seite 60)

 Pueblo de los Pescadores
Vornehm speisen in
ehemaligen Fischerhütten
am Strand – das gibt es
nur in Las Terrenas (Seite 62)

 Buckelwale
Von Dezember bis März
schwimmen Buckelwale
in der Samanábucht. Für
schonende Beobachtung
sorgen geschulte Kapitäne
(Seite 65)

 Pico Duarte
Kein Berg in der Karibik ist
höher: Der Pico Duarte reckt
sich 3175 m in den tropischen
Himmel (Seite 67)

 Cañons und Wasserfälle
Herausforderungen für
Raftingfans, Kanufahrer
und Wasserfallkletterer bei
Jarabacoa (Seite 68)

Der Surfstrand Nr. 1: Cabarete

 **Highlight für Wind-
und Kitesurfer**
Ob mit Segel und Surfbrett
oder an der langen Leine –
Cabarete ist ein Surfspot
von Weltniveau (Seite 73)

 Ruinas de La Isabela
Kreuze, ein Skelett und
Mauerreste erinnern auf
dem Kap an Kolumbus'
erste Siedlung (Seite 77)

 Pico Isabel de Torres
Die Fahrt mit der Gondelbahn
auf den Gipfel der Nordküste
ist ein einzigartiges Erlebnis
in der Karibik (Seite 79)

 Die Highlights sind in der Karte auf dem hinteren Umschlag eingetragen

Entdecken Sie die Dominikanische Republik!

Kaum ein anderes Land der Karibik bietet so viele geschichtliche und landschaftliche Höhepunkte

Die Dominikanische Republik, das Land auf der östlichen Hälfte der Insel Hispaniola, gehört seit rund 30 Jahren zu den beliebtesten Reisezielen in der Karibik. Es war eins der ersten, das in den Siebzigerjahren von Reiseveranstaltern angeflogen wurde. Und fast ebenso lange schon haftet ihr das Image eines Ziels für den Massentourismus an und gilt sie Anspruchsvollen und Individualisten oft als wenig reizvoll.

Zu Unrecht. Die Bausünden der Anfangsjahre sind längst beseitigt, und an ihrer Stelle entstanden harmonisch in die Landschaft eingepasste Hotels in karibischem oder mediterranem Stil. Etwa an der Costa de Coco im Osten, wo Kokosplantagen den schönsten Strand des Landes säumen. Die Hotels dort sind so gut unter Palmen versteckt, dass sie oftmals nur aus der Luft erkennt, wer nicht dort wohnt. Zum Erfolg des Landes als Urlaubsdestination tragen aber auch – neben lauer Luft, Sonne und Meer – groß-

Auf vielen Hundert Kilometern Küste findet jeder seinen Lieblingsstrand

Junge Frauen in Barahona

artige Naturattraktionen, einzigartige historische Kulturschätze und nicht zuletzt die Menschen bei, die Fremde heute noch genauso herzlich begrüßen wie einst den Seefahrer Christoph Kolumbus.

Fast 60 Prozent aller Hotels im Land sind All-inclusive-Resorts. Gern wird dort den Urlaubern weisgemacht, es sei sicherer, Ausflüge mit der Hotelagentur zu unternehmen. Wer es trotzdem wagt, mit dem Mietwagen oder einem der schnellen, klimatisierten Überlandbusse auf eigene Faust das Land zu erkunden, und dabei die normalen Sicherheitsregeln beherzigt, wird dem Auswärtigen Amt bald Recht geben: Die Dominikanische Republik gehört zu den sichers-

Geschichtstabelle

Ab 200 n. Chr. Taínoindianer vom Stamm der Arawaken verdrängen die bisher ansässigen Siboneys

1492–96 Christoph Kolumbus landet auf der Insel, nennt sie »Hispaniola« und errichtet die Siedlung La Isabela im Norden

1533 Aufstand der letzten Taíno unter dem legendären Häuptling Enriquillo

1586 Francis Drake plündert Santo Domingo; französische Piraten lassen sich im Westen der Insel, dem heutigen Haiti, nieder

1697 Im Frieden von Rijkswijk muss Spanien den westlichen Teil Hispaniolas an Frankreich abtreten

1791 Rebellion im Westen. Eine halbe Million Sklaven fordert von rund 100 Herren Gleichheit und Freiheit

1795 Im Frieden von Basel wird ganz Hispaniola französisch

1804 Geburt der Republik Haiti; die blutigen Feldzüge der haitianischen Generäle in den Inselosten kann der französische Gouverneur schließlich beenden

1821 Der spanische Inselteil erklärt seine Unabhängigkeit und wird daraufhin von Haiti für 22 Jahre besetzt

1844 Juan Pablo Duarte, Ramón Mella und Francisco Sánchez wollen die Unabhängigkeit von Haiti; mit dem Strategen Pedro Santana gelingt ihnen der Putsch

1916–24 Invasion des Hauptgläubigers USA, um die Außenstände einzutreiben; nach ihrem Abzug entsteht die 3. Republik

1930 Rafael Leónidas Trujillo Molina lässt sich wählen. 1961 überträgt er sein Amt Joaquín Balaguer und wird wenig später ermordet

1962 Wahlen nach 30 Jahren Diktatur; Gewinner ist der linksliberale Juan Bosch; sieben Monate später wird er gestürzt, ein Bürgerkrieg bricht aus, die USA schreiten ein

1966 Beginn der zwölf blutigen Jahre unter Präsident Joaquín Balaguer; nach zwei linksliberalen Intermezzi wird er 1986 wieder gewählt und tritt erst 1996 ab

2000 Der Sozialdemokrat Hipólito Mejía wird Präsident. Der größte Bankenskandal des Landes kostet die Nationalbank 2,2 Mia. Dollar

2004 Juan-Bosch-Zögling Leonel Fernández gewinnt die Präsidentschaftswahlen

2005 Ausländische Investoren kehren zurück. Die Regierung startet zahlreiche Bauvorhaben

Farbenfrohe, von der haitianischen Tradition der naiven Malerei inspirierte Bilder finden Sie überall: Straßenmarkt am Malecón in Santo Domingo

ten Reiseländern in Lateinamerika. Die Dominikaner sind ungewöhnlich freundlich und hilfsbereit. Nichts ist hier einfacher, als auf Entdeckungsfahrt zu gehen und sich unter die Leute zu mischen.

Schnell werden Sie feststellen, dass die Dominikanische Republik außerhalb der Touristengebiete noch unverfälscht und natürlich geblieben ist. Man kann in das quirlige Alltagsleben dominikanischer Städte eintauchen oder in zutiefst ländliche Regionen, wo es nur kleine Hotels und Restaurants für die Einheimischen gibt. Mehr noch: Alte indianische Dorfplätze und Zeichen auf Steinen oder in Höhlen und Ruinen von Städten, die noch Kolumbus persönlich gründete, laden ein zu spannenden Zeitreisen in die Anfänge der Kolonialzeit.

> ## Wussten Sie, dass hier einst die Eroberung Amerikas begann?

Wie Sie spätestens beim Besuch der Altstadt von Santo Domingo merken werden, spielte die Dominikanische Republik in der Entdeckungsgeschichte Amerikas eine Schlüsselrolle. Wussten Sie, dass hier einst die Eroberung Amerikas begann? Wenigstens einmal sollten Sie in dieser Altstadt die ersten Wohnhäuser für den spanischen Adel anschauen, über das Kopfsteinpflaster der Calle Las Damas schlendern und den Alcázar de Colón besichtigen, in den der Sohn von Kolumbus als erster Vizekönig Neuspaniens einzog. Schließen Sie den Rundgang dann typisch dominikanisch ab: indem Sie einen *cafecito* im Café gegenüber der ersten Kathedrale des Kontinents schlürfen.

Ein guter Urlaubsstandort für alle, die sich für diese Altstadt interessieren und sich gern von dominikanischem Alltagsleben umspült sehen, ist die dicht besiedelte Südküste. An der Costa de Coco um Bávaro und Punta Cana wird sich wohl fühlen, wer den Allroundservice erstklassiger All-inclusive-Hotels liebt und sich dazu Bilderbuchkaribik mit schönen Palmenstränden und türkis leuchtendem Wasser wünscht.

> ## *Männer, die ihre Kampfhähne wie eine Trophäe unterm Arm tragen*

Fast ebenso schön und dabei viel abgeschiedener sind die Strände auf der Halbinsel Samaná. Zum Beispiel die Playa Cozón bei der Aussteigeroase Las Terrenas und das fernab allen Trubels gelegene Las Galeras. Und wenn Sie Urlaubsatmosphäre in allen Schattierungen mit einer Prise Stadtkultur und blühendem Hinterland vorziehen, liegen Sie in einem der Ferienorte im Norden richtig. Sie haben die Wahl: Jede dieser drei großen Ferienregionen besitzt ihr eigenes Profil, ihr eigenes Flair. Und jede bietet »echte« Karibik: mit bunten Holzhäusern und blühenden Gärten, turbulenten kleinen und großen Städten, letzten einsamen Palmenstränden oder stillen Wanderwegen durch die Nationalparks der Gebirge.

Während Ihrer Entdeckungsfahrten passieren Sie wahrscheinlich so manche dörfliche Hahnenkampfarena, begegnen Männern, die ihre Kampfhähne wie eine kostbare Trophäe unter dem Arm tragen, und Frauen, die in Schaukelstühlen vor ihren Häusern sitzen. Vielleicht ist auch gerade Markttag im Dorf und die Straße für den Autoverkehr versperrt, weil Felle, Früchte und Kleinvieh den Asphalt

bedecken und sich die Käufer über den letzten freien Weg dazwischendrängen. Vielleicht bieten Kinder Ihnen auch Souvenirs zum Kauf an – doch das ist eher die Ausnahme. Der Großteil der Bevölkerung lebt nach westlichen Maßstäben zwar in Armut, aber bettelnden Menschen werden Sie kaum begegnen.

Dank einem gut ausgebauten Straßennetz steht – nach einer Eingewöhnungszeit an die chaotische Fahrweise der Dominikaner – auch längeren Entdeckungsfahrten mit dem Mietwagen nichts im Weg. Meiden Sie jedoch Nebenstraßen: Sie sind oft mit Schlaglöchern übersät. Und auch das gibt es: unvollendete Brücken, die ohne eine Spur anschließender Straßen in der Landschaft stehen. Sie sind Zeugnisse halbherziger Wahlversprechen. Denn auch das ist typisch für die Dominikanische Republik: die große Geste, für die kein Aufwand gescheut wird, wenn es um den Stimmenfang vor Wahlen geht. Aber ist der Kampf um die Gunst der Wähler erst vorbei, erlahmt auch schnell das Engagement, und das Begonnene bleibt vielfach unvollendet.

Fahrten durch die Dominikanische Republik, die mit gut 48 000 km2 ungefähr so groß ist wie Niedersachsen, führen Sie in ganz unterschiedliche Landschaften. In der Zentralkordillere erwarten Sie Erdbeerfelder im Schatten des höchsten Gipfels der Karibik, Wasserfälle und duftender Wald. An der Nordostküste dagegen stoßen Sie auf Bilder wie in Asien mit ausgedehnten Reisfeldern hinter den Palmenhainen.

Versteckt im Regenwald der Halbinsel Samaná liegt der Wasserfall von Limón

Im Südosten ragen gleichmäßig geformte Kegelberge aus einem grünen Meer von Zuckerrohrfeldern, und nahe La Romana mäandert der Río Chavón malerisch tief unter einem Felsplateau. Im Südwesten umgibt surreal wirkende Dürre den unter dem Meeresspiegel gelegenen Lago Enriquillo.

Von den Ferienorten im Norden locken Abstecher ins Cibaotal, den Garten Eden des Landes, wo die Erde so fruchtbar ist, dass selbst Zaunpfähle über kurz oder lang Wurzeln und neue Triebe schlagen. Flach wie ein Pfannkuchen präsentiert sich dagegen die östliche Mitte mit weiten, fast bis zum Horizont reichenden Reisfeldern und Viehweiden. Zu den schönsten Strecken gehören die Überfahrten über die Halbinsel Samaná. Zum Teil geht es hier so steil hinauf, dass man fast die ganze Samanábucht überblicken kann, die Kinderstube der Buckelwale.

Entdecken Sie Ihre ganz eigene Dominikanische Republik! Ob Natur, Sport, Trubel oder Ruhe – für jeden Geschmack gibt es in diesem Land Angebote, die das Vorurteil des Billigziels entkräften. Trekkingpfade führen auf den Pico Duarte, auf Raftingfreunde warten Wildwasser und auf Golfer eine Vielzahl hervorragender Plätze. Natürlich ist den Dominikanern nicht entgangen, dass Naturerlebnis zurzeit ebenso gefragt ist wie exklusiver Golfurlaub, und entsprechend investierten sie in die Pflege der Nationalparks und bauten neue Golfplätze. Wo eine Nachfrage ist, da reagiert man in der Dominikanischen Republik eben häufig schneller und flexibler als anderswo. Auch das ist eines der Erfolgsgeheimnisse dieses Landes.

> *Erdbeerfelder im Schatten des höchsten Gipfels der Karibik*

Bernstein, Bachata und Gagá

Wissenswertes für Neuankömmlinge, die hinter die Kulissen der Dominikanischen Republik schauen wollen

Architektur

Kaum ein Dorf, in dem man nicht die hübschen, für die Karibik so typischen rosa oder blau gestrichenen Holzhäuschen findet. In der Bauweise erinnern sie noch an den *bohio* der Ureinwohner. In den Städten dagegen dominieren die Baustile Europas. In Santo Domingos Altstadt finden sich sogar noch architektonische Muster aus dem Spanien des 16. Jhs.: spätgotische *palacios* und Kirchen im so genannten isabellinischen Stil mit massivem Baukörper und flächigen Schmuckelementen oder Arkaden, etwa beim Alcázar de Colón, oder der ornamentreiche Platerescostil (z. B. an der Westfassade der Kathedrale). Überwiegend aus dem viktorianischen 19. Jh. stammen die mit hölzernen Schmuckleisten verzierten Bürgerhäuschen eines aufsteigenden Kaufmannsstands, wie sie restauriert vor allem im Zentrum von Puerto Plata besonders zahlreich zu sehen sind. Typisch für das ausgehende 19. und frühe 20. Jh. sind in den Zentren der Städte europäische Baustile wie Klassizismus, Jugend-

Über 300 Orchideenarten tragen zum Blumenreichtum des Landes bei

stil oder Art déco. Der Tourismus unserer Tage sorgte für einen neuen Bauboom. Von ihm zeugen die vielen der Landschaft angepassten Hotels, die typisch karibische Stilelemente vereinen – etwa Veranden mit gekreuzten Holzgeländern, Spitzdächer, Schmuckleisten.

Bernstein (Ámbar)

Die bis zu 50 Mio. Jahre alten Harztropfen und -klumpen gehören zu den großen Schätzen des Landes. Das Harz tropfte von Laubbäumen in der heutigen Nordkordillere und konservierte eine geheimnisvolle Welt von Insekten wie Käfern und Libellen, aber auch Frösche und sogar Geckos. Dank neuer Untersuchungsmethoden geben die Einschlüsse heute Aufschluss über die DNA, also die genetischen Informationen der Objekte. Der dominikanische Bernstein ist besonders klar und außergewöhnlich reich an Einschlüssen. Er wird in vielfältiger Form zu Schmuck verarbeitet und überall in den Souvenirläden angeboten.

Bevölkerung

Die Dominikaner sind ein selbstbewusstes Volk von rund 8,5 Mio. Ew., das aus vielen unterschiedlichen

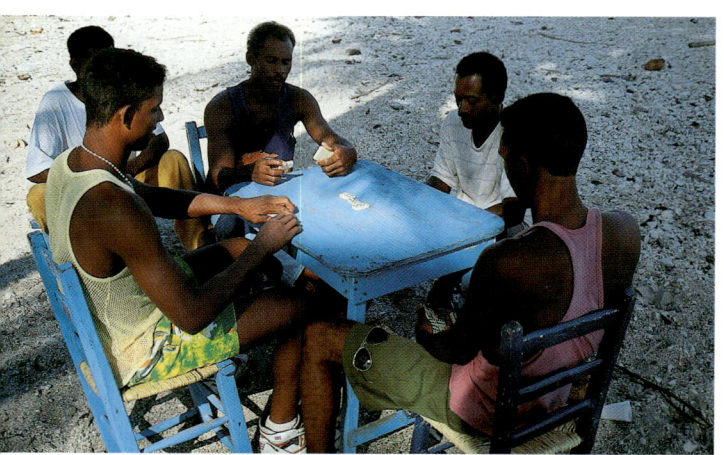

Männersache: Zeit für eine Partie ist immer in der »Dominokanischen« Republik

Einwanderergruppen entstand. Zu den letzten Taíno, den Spaniern und den eingeschleppten Afrikanern der Kolonialzeit gesellten sich in haitianischer Zeit Land suchende ehemalige Sklaven aus den USA und Arbeit suchende von der englischsprachigen Karibikinsel La Tortola, die so genannten *cocolos*. Daneben zog es zahlreiche Siedler von den Kanarischen Inseln ins Land sowie die *turcos* genannten Kaufleute aus dem Nahen Osten. Unter Präsident Trujillo wanderten Mitte des 20. Jhs. Japaner, Spanier und deutsche Juden ein. Ethnisch lässt sich die Bevölkerung heute nur noch grob in 73 Prozent Mulatten, also Mischlinge, 16 Prozent Weiße und elf Prozent Schwarze aufsplitten. Weiße besetzen nach wie vor die wichtigsten Ämter. Um sich vom »schwarzen« Nachbarn Haiti und seinem Voodoo abzugrenzen, identifiziert sich die mulattische Mehrheit der überwiegend katholischen Bevölkerung lieber mit ihren weißen Wurzeln als mit den afrikanischen. Alle Dominikaner kommen Besuchern aus Europa und den USA daher besonders aufgeschlossen und herzlich entgegen.

Domino & Co.

Das Spiel mit den 28, 36, 45 oder 55 gepunkteten Steinen ist so beliebt, dass Spaßvögel das Land schon in »Dominokanische« Republik umtauften. Genauso wie der Hahnenkampf, bei dem schon so mancher Haus und Hof verwettete, ist es eine ausschließlich von Männern betriebene Freizeitbeschäftigung. Die Jugend begeistert sich vor allem für Baseball.

Fauna

Naturfreunde können sich vor allem auf eine reiche Vogelwelt freuen, zu der auch endemische, also nur hier anzutreffende Arten wie der grüne Papagei »La Cotica« oder der Palmenschwätzer, eine Drosselart, gehören, außerdem Kolibris, zahlreiche Wasservögel und in höheren Lagen Waldtauben, Spechte und Schwalben. Vor allem die Nationalparks Cabo Francés Viejo und Los Haïtises sind Vogelparadiese. In den Lagunen des Jaragua-Nationalparks kann man Flamingos beobachten, und auf der Isla Cabritos lebt das größte Tier im Land: das bis zu 2 m lange Spitzmaulkrokodil. Wer aufmerksam durch die Nationalparks spaziert, kann Nashornleguane, ungefährliche Boas und Nattern, Schildkröten und mit etwas Glück den kleinen Nager *jutía* sehen. In den Höhlen wimmelt es von seltenen Fledermausarten.

Flora

Insgesamt wurden 5600 verschiedene Pflanzenarten gezählt. Über 300 Orchideenarten wachsen allein im Parque Nacional del Este. Im tropisch heißen Parque Los Haïtises wuchern Mangroven- und Regenwald. Unter den vielen Palmenarten sind besonders die Zwergpalmen *cana* und *yarey* auffällig, deren Blattfasern für die Herstellung von Besen oder zum Dachdecken verwendet werden. Im trockenen Südwesten findet man Säulen- und Feigenkakteen. Zu den schönsten Zierbäumen gehören die Flamboyant-, die Tigerkrallen- und die Tulpenbäume, die während ihrer Blütezeit Dörfer in Idylle verwandeln. Im kühlen Gebirge gedeihen Pinienwälder. Im Parque Nacional Sierra de Baoruco können Sie alle sieben Vegetationszonen des Landes durchwandern.

Gagá-Feste

Sie sind eine Mischung aus dem haitianischen Voodoo und christlich-katholischer Tradition und werden vor allem in der Karwoche in den *bateys* gefeiert, den Siedlungen der früheren Zuckerrohrschneider.

Charakteristisch für die Zeremonien sind die *gagá*-Bands. Mit einpeitschenden Trommelrhythmen und spitzen Trötentönen versetzen sie die Festgemeinde in Trance. Organisiert werden die Feste von den jeweiligen Bruderschaften der *bateys*. Anführer kann ebenso gut eine Frau wie ein Mann sein; eine weibliche Zeremonienmeisterin heißt *mambo,* ein männlicher *hougan.*

Hahnenkampf

Sie fehlt selbst im abgelegensten Dorf nicht: die Hahnenkampfarena. Das abschreckend blutige Schauspiel bis zum Tode kämpfender Hähne besitzt eine lange Tradition in ganz Lateinamerika. Die wichtigste Frage vor dem Kampf: Auf welchen Hahn kann man setzen, welcher wird überleben? Bei den Wetten hat schon mancher Dominikaner seinen mageren Wochenlohn verspielt.

Kunst

Von der anspruchsvollen dominikanischen Kunstszene kann man sich im Museo de Arte Moderno in der Hauptstadt ein gutes Bild machen. Zu den berühmtesten zeitgenössischen Künstlern des Landes gehören Eligio Pichardo (*1930), Cándido Bidó (*1936) und Jorge Severino (*1935). Auch Oscar de La Renta begann seine internationale Karriere als Modedesigner auf der Kunstakademie in Santo Domingo.

Literatur

Starke dominikanische Frauen sind das Thema der 1950 geborenen Julia Alvarez, die als Kind mit den Eltern in die USA emigrierte. In »Die Zeit der Schmetterlinge« erzählt sie die Geschichte der unter Trujillo ermordeten Mirabal-Schwestern und in »Im Namen der Salomé« von der dominikanischen Nationaldichterin Salomé Ureña (1850–1897). Im Ausland bekannter war zu Lebzeiten der Sohn der Dichterin, Pedro Henríquez Ureña (1884–1946). Ein Buch, das viel über die Identitätssuche der jungen Republik erzählt und bis heute zu den geistigen Grundlagen nach der Unabhängigkeit gehört, ist sein Gedichtband »La Lira de Quisqueya«, der bewusst den Taínonamen Quisqueya für Hispaniola im Titel trägt. Ebenso gehört Manuel de Jesús Galváns 1877 erschienenes Buch »Enriquillo«, das die Geschichte des Freiheitskampfs der letzten Taíno gegen die Spanier erzählt, zu dieser Literaturrichtung. In der Trujillo-Ära kam Juan Bosch, der politische Gegenspieler Joaquín Balaguers, mit Kurzgeschichten literarischen Niveaus zu Ruhm.

Musik

Jamaika hat seinen Reggae, Trinidad seinen Calypso und die Dominikanische Republik den Merengue – wie nicht zu überhören ist, wo immer Menschen und Radios in der Nähe sind. Merengue ist ein heiterer, mitunter polkaähnlicher Zweivierteltakt, über dessen Herkunft sich die Musikexperten streiten. Die einen hören Elemente der spanischen Contradanza heraus, andere der Tumba francesa oder der Mazurka. Ende des 19. Jhs. war Merengue noch ein Tanz der dominikanischen Oberschicht. Heute tanzt ihn alle Welt, nicht zuletzt dank der international erfolgreichen dominikanischen Gruppe 4:40 *(cuatro cuarenta)*. Fast so verbreitet wie der Merengue ist die volkstümlicher klingende Bachata. Populäre

Vertreter dieser Musikrichtung sind u. a. Frank Reyes und Luis Vargas. Im Cibaotal wird noch der stark spanisch beeinflusste Zapateado getanzt. Bei der älteren Generation beliebt ist der Bolero.

Ökologie

Ein Umweltministerium gibt es in der Dominikanischen Republik erst seit 1996. Aber die Konzentration des Tourismus auf relativ begrenzte Gebiete und die über 30 Nationalparks mit ihren höchst unterschiedlichen Landschaftsräumen machten es möglich, dass die Dominikanische Republik heute in puncto Artenvielfalt proportional gerechnet Platz eins in der Karibik einnimmt. So gedeihen im Valle Nuevo, dem höchsten Hochtal der Karibik, völlig andere Pflanzen als im tiefsten See, dem Lago Enriquillo, oder in der Schlucht des Hoyo de Pelempito bei Pedernales. Den großen ökologischen Schäden durch unkontrollierte Abholzung des Waldes wirkt man mit Wiederaufforstungsprogrammen entgegen. Naturschützer sind besorgt über Pläne der Regierung, an den Stränden der Nationalparks del Este und Jaragua Hotels zu bauen.

Politik

Seit 1844 wurde die Verfassung der Dominikanischen Republik 28-mal umgeschrieben. Staatsform ist die präsidiale Republik. Tonangebende Partei war über Jahrzehnte der konservative PRSC (Partido Reformista Social Cristiano) mit dem sozialdemokratischen PRD (Partido Revolucionario Dominicano) als Gegenspieler. Die Wahlen 2004 gewann der junge sozialdemokratische PLD (Partido de la Liberación Dominicana), eine Abspaltung von der PRD.

Wichtiger Wirtschaftsfaktor: Die Zuckerrohrfelder liefern den Rohstoff für Rum

Trinitaria

Den Geheimbund gründete 1838 der Jurist Pablo Duarte – nachdem sich der spanische Teil der Insel von Gott und der Welt verlassen sah: Nicht nur, dass das Land längst seine bedeutende Stellung als Zentrum des spanischen Kolonialreichs an Mexiko und Peru verloren hatte. Das Mutterland Spanien war darüber hinaus viel zu sehr mit den Unabhängigkeitskriegen in diesen neuen Machtzentren beschäftigt, als dass es Santo Domingo vor dem Einmarsch der Haitianer bewahrt hätte. Somit wurde die Trinitaria, angeführt von Juan Pablo Duarte, Ramón Mella, Francisco Sánchez und Pedro Santana, eine Unabhängigkeitsbewegung, die gleich zum Doppelschlag gegen Haiti und Spanien ausholte. 1844 gelang es der Bewegung schließlich, die haitianische Garnison in Santo Domingo zu stürmen und die erste freie Dominikanische Republik auszurufen. Gefeierter Vater der Nation ist heute der Gründer der Tritinaria: Pablo Duarte, nach dem auch der höchste Berg im Land benannt ist.

Wirtschaft

Im weltweiten Vergleich rangiert das Wirtschaftswachstum des Landes seit ein paar Jahren mit an oberster Stelle – trotz lange bestehender Energieprobleme und obwohl die Erträge aus der Landwirtschaft (Zucker, Kaffee, Kakao und Tabak) seit den Achtzigerjahren rückläufig sind. Die positive Entwicklung hat das Land seinen beiden neuen, wichtigsten Säulen zu verdanken: dem Tourismus und seinen mittlerweile 55 Zollfreizonen *(zonas francas)*. Der Tourismus boomt nach wie vor – 2004 konnten fast 3,5 Mio. Besucher begrüßt werden. Der gesetzliche Mindestlohn für Arbeiter wird jährlich neu festgelegt; 2004 lag er bei 187 Euro monatlich.

Tropische Köstlichkeiten

Indianische, spanische und internationale Einflüsse geben der dominikanischen Küche eine einzigartige Würze

Saftig-süße exotische Früchte wie Ananas oder Papaya, frische, aromatische Gemüse und Gewürze: Von der Sonne verwöhnte Gefilde wie die Dominikanische Republik sind von Natur aus ein Schlaraffenland für Genießer. Selbst wer sich an die einheimische Hausmannskost nur zaghaft herantraut und eher die klassische internationale Küche in den einschlägigen Restaurants bevorzugt, kann sich auf vitaminreiche und gehaltvolle Zutaten aus den Gärten und Plantagen des Landes freuen.

Auch Freunde eines saftigen Steaks müssen nicht darben. Die Dominikaner sind gute Viehzüchter. Das Fleisch der Rinder, die gesund auf großen Weiden zwischen Santiago und Boca Chica heranwachsen, ist von so hoher Qualität, dass es sogar exportiert wird.

Doch die größte kulinarische Verlockung kommt aus dem Meer: Langusten, Riesengarnelen, grätenarme Knorpelfische mit weißem Fleisch, das auf der Zunge zergeht, Schwertfische, Tintenfische oder Muscheln – die Tagesfänge der Fischer bestimmen hier noch das Angebot. Wegen der Ciguaterakrankheit, einer in der Karibik nicht seltenen Fischvergiftung, sind kleinere Fischarten vorzuziehen, denn nur in größeren Fischen lagert sich das Gift in einer für Menschen gefährlichen Konzentration ab. Meeresfrüchte gelten bei den Dominikanern als Aphrodisiaka. Vor allem zum Abendessen *(cena),* das als krönender Abschluss des Tages gern ausgiebig im Kreis der Familie oder vor Freunden zelebriert wird, sind die Proteinträger besonders beliebt – stärken sie doch, ohne zu schwer verdaulich zu sein. Schließlich wartet meist noch die Disko, und kaum ein Dominikaner, der da nicht eine gute Figur machen will.

Am nächsten Tag muss dann erst mal ein starker *cafecito* her, ein Tässchen gesüßten, espressoähnlichen Kaffees, und vielleicht noch ein fettgebackener Hefekringel *(churro)* – und fertig ist das Frühstück *(desayuno).* Mittags – in der Arbeitspause und meist fern der Familie – wird dann was Ordentliches gegessen.

Überall in den Städten und größeren Orten laden *comedores,* klei-

Die dominikanischen Pommes: flach geklopfte, panierte und frittierte Kochbananenscheiben

Dominikanische Spezialitäten

Lassen Sie sich diese Köstlichkeiten gut schmecken!

Comidas (Speisen)

arroz con frijoles – Reis mit Bohnen (übliche Beilage)

calamares a la romana – panierte Tintenfischringe

catibías – Pasteten aus Yuccamehl

cazuela de mariscos – Meeresfrüchteeintopf

ceviche – Vorspeise aus rohen, mit Zitrone marinierten Meeresfrüchten

chacá – Süßspeise aus Kokosnuss, Mais, Milch, Zucker und Zimt

chambre – dicke Hühnerbrühe

chicharrones de cerdo – marinierte, knusprig frittierte Schweineschwarte

chivo guisado – geschmortes Ziegenfleisch

habichuelas con dulce – aus Bohnen zubereitete Süßspeise

la bandera – Nationalgericht der Dominikaner: weißer Reis, rote Bohnen und geschmortes Fleisch. Dazu werden meist Salat und *frito verde,* frittierte grüne Kochbananen, serviert

locrio – dominikanische Paella: Reis mit Gemüse, Huhn oder was gerade zur Hand ist

mangú – Kochbananenpüree

mondongo – Kuttelsuppe

moro – Reis mit braunen Bohnen

parrillada de pescado/de carne – Grillplatte von Fisch/Fleisch

pasteles de hoja – in Kochbananenblätter gewickelte Pasteten

pato guisado – geschmorte Ente

pescado y moro de guandules con coco – Fisch mit in Kokosmilch gegarten, erbsenähnlichen Hülsenfrüchten

pescado con naranja – Fisch mit Orange

plátanos maduros en cazuela – reife Kochbananen mit Zucker und Zimt

sancocho – Suppe mit mariniertem, geschmortem Fleisch und Gemüse wie Yucca, Kartoffeln, Mais und karibischem Kohl

Bebidas (Getränke)

china – frisch gepresster Orangensaft mit Milch oder Wasser

guinea – Bananensaft mit Milch oder Wasser

lechosa – Papayasaft mit Milch oder Wasser

toronja – Grapefruitsaft mit Milch oder Wasser

In den Strandrestaurants findet sich ein schattiges Plätzchen zum Essen

ne, einheimische Restaurants, oder Imbissstuben zum Mittagstisch *(almuerzo)* ein. Praktisch für den Fremden: Oft sind die Gerichte hier bereits fertig zubereitet in großen Pfannen zur Auswahl aufgereiht. Wer sich nicht sicher ist, sollte aber trotzdem fragen, wie die Speisen heißen. Denn was so appetitlich aussieht, kann sich auch als Kuttelsuppe *(mondongo)* und gebratene Innereien *(asaduras)* entpuppen: deftige dominikanische Hausmannskost, die unbedingt einen Versuch wert ist, wenn sie auch nicht jedem schmeckt. Innereien werden vor allem in den mobilen Frittenbuden *(freidurías)* auf dem Land viel angeboten – neben *morcilla* oder *longanizas,* kräftig gewürzten Schweinswürstchen ursprünglich spanischer Herkunft. Und statt Pommes brutzeln da flach geklopfte Kochbananenscheiben oder Yucca im Fett. Die Wurzel stand schon bei den Ureinwohnern, den Taíno, auf dem Speiseplan.

Wie überall in der Karibik, so rührte auch in der dominikanischen Küche die Geschichte kräftig mit. Die Kunst der Kokosnussverarbeitung, wie sie vor allem auf der Halbinsel Samaná noch so gut beherrscht wird, brachten zum Beispiel einst die Afrikaner mit. Und natürlich hinterließ auch der Tourismus schon seine Spuren. Sie finden in der Dominikanischen Republik heute Restaurants mit französischer, chinesischer, schweizerischer oder schwäbischer Küche.

Doch bevor Sie sich den einheimischen Köstlichkeiten verweigern, sollten Sie wenigstens eine probieren: die leckere *piña colada.* Der Kokoscocktail wird überall angeboten, auch an den Stränden. Hübsch serviert in einer Kokosnuss und angereichert mit einem Schuss guten einheimischen Rums, wird er Sie sicherlich bald verführen, sich noch etwas weiter in das Reich der dominikanischen Spezialitäten vorzuwagen.

Kunst, Keramik und Rum

In den Läden und auf den Märkten können Sie Kostbarkeiten und Köstliches preiswert erstehen

Auf den ersten Blick scheint Haiti das Souvenirgeschäft im Land zu beherrschen. Wo man auch hinkommt: die oft mit Schablonen gemalten Bilder im Stil des Nachbarlands beherrschen die Szene. Auch die Mahagonischnitzfiguren und Masken afrikanischen Stils kommen meist aus dem Nachbarland. Dabei gibt es jede Menge Mitbringsel, die typisch dominikanisch sind. Zum Beispiel die Limé-Puppen, gesichtslose Tonfiguren in kreolischer Tracht, mit denen sich jede Dominikanerin identifizieren kann. Sie wurden zum Maskottchen des Landes. Wem sie zu kitschig sind, der wird sicherlich an den Repliken von Taínokeramiken seine Freude haben, auf die sich die Künstlergruppe *Cerámica Taina Hermanos Guillén* spezialisiert hat.

Wer sich für Schmuck interessiert, findet in der Dominikanischen Republik echte Raritäten: den blauen Larimar und Bernsteine mit Einschlüssen. Der Juwelier Harrison's hat sich auf die so genannten Merengueringe mit kleinen, wippenden Diamant- und Edelsteinka-

Im Gebiet von Santiago wächst der beste Tabak für die Zigarren

russells spezialisiert und auf Doppelringe, die sich wenden lassen. Edle Mode gibts dazu von dominikanischen Designern, die im Landsmann Oscar de la Renta ihr großes Vorbild haben. Verkauft wird sie in der Shoppingcentern der All-inclusive-Areale und in Altos de Chavón.

Dazu gesellen sich Souvenirs für die Sinne: von CDs mit Merenguemusik über feinen Rum bis zur edlen Zigarre. Rumfreunde sollten den goldgelben, cognacweichen Barcelo Imperial probieren oder einen echten Brugal: Rumsorten, die aus der Melasse dominikanischen Zuckerrohrs gebrannt werden. Zigarrenliebhaber werden fündig in klimatisierten Shoppingzentren wie der *Plaza Columbus* am Parque Colón in Santo Domingo, vor allem aber in spezialisierten Läden wie dem *Club del Cigarro* in Altos de Chavón. Abgesehen von der dominikanischen Puro von Davidoff, die 2002 auf den Markt kam, sind die meisten Zigarren mit einem ausländischen Deckblatt umgeben. Kenner schwärmen von der milden Boutique Cigar Samana der *Tabacalera Don Esteban* aus Santiago, in deren Umland der beste Tabak der Dominikanischen Republik gedeiht.

Feste, Events und mehr

Höhepunkte sind der Karneval und das Merenguefestival in der Hauptstadt

Möglich, dass gerade während Ihres Urlaubs im nächsten Dorf ein Patronatsfest stattfindet, mit dem der Schutzheilige des Orts gefeiert wird. Als katholisches Land ist die Dominikanische Republik besonders reich an solchen *fiestas patronales*. Und in der Semana Santa,

Ein Highlight: Karneval in La Vega

der Karwoche, ist gleichsam die ganze Republik aus dem Häuschen. Höhepunkte des Festjahres sind außerdem das Merenguefestival

in Santo Domingo, das Jazzfestival an der Nordküste und natürlich der *carnaval*. Mehr Informationen und alle Patronatsfeste finden Sie im Internet unter *www.dominicana. com.do/actualiad/calendario.html*

Feiertage

1. Jan. *Año Nuevo;* **6. Jan.** *Los Reyes Magos;* **21. Jan.** *Nuestra Señora de la Altagracia;* **26. Jan.** *Natalicio de Duarte* (Geburtstag Duartes); **27. Feb.** *Independencia Nacional* (Unabhängigkeitstag); **Viernes Santo** (Karfreitag); **1. Mai** *Día del Obrero;* **16. Aug.** *Día de la Restauración* (Tag der Wiederherstellung der Republik); **24. Sept.** *Día de Las Mercedes* (Tag der Gnadenreichen Jungfrau); **12. Okt.** *Día de Colón* (Kolumbustag); **1. Nov.** *Todos Santos;* **25. Dez.** *Noche Buena*

Feste und Veranstaltungen

21. Januar
Wallfahrt zur Basilika von Higüey zu Ehren der Jungfrau von Altagracia, der Schutzheiligen des Landes. In der Nacht vor der Prozession werden in vielen Orten des Landes Kerzen angezündet, es wird getanzt und gesungen.

Februar

Karneval im ganzen Land, vor allem in La Vega, Montecristi, Santiago und Santo Domingo. Dort findet am 28. Januar auf der Avenida George Washington ein großer Umzug mit typischen Maskeraden aus allen Karnevalshochburgen des Landes, mit Tänzern und Kapellen statt. Besonders bunt geht es am 27. Februar beim ★ *Karneval in La Vega* mit den typischen Teufelsmaskeraden oder in Montecristi mit den *toros y civiles* (Stiere und Bürger) zu. Abschluss der Karnevalssaison ist der 27. Februar, der Unabhängigkeitstag.
Feria de Artesanía (Kunstgewerbemesse) in Altos de Chavón.

März/April

Semana Santa: Die Karwoche beginnt vor allem in Barahona und Boca Chica mit vielen privaten Festen. In der Nacht vom *Jueves Santo,* dem Gründonnerstag, zum *Viernes Santo,* dem Karfreitag, finden dann vielerorts Prozessionen und Umzüge statt und in den Siedlungen der einstigen Zuckerrohrarbeiter, den *bateys,* die **Insider Tipp** *gagá-Feste.* Am Ostermontag schließlich geht es wieder zur Arbeit.

Ende Juli/Anfang August

Festival de Merengue in Santo Domingo: Auf für den Autoverkehr gesperrten Straßen werden neben dem Merengue auch andere populäre dominikanische Tänze aufgeführt, begleitet von Kunstgewerbemärkten, gastronomischen Festivals, Spielen für Jugendliche und Motocrossrennen.

24. September

Prozession zum Santo Cerro zu Ehren der im ganzen Land verehrten Virgen de las Mercedes.

Oktober

Descubrimiento de América: Die Entdeckung Amerikas durch Kolumbus wird am 12. Oktober mit Staatsakten wie der Niederlegung eines Kranzes am Faro a Colón in Santo Domingo gefeiert.
Im Oktober (erkundigen Sie sich nach dem genauen Termin!) steigt an der Nordküste das *Festival Internacional de Jazz* mit berühmten Starinterpreten. *www.drjazzfestival.com*

Merenguefestival in Santo Domingo

Kultur und Badespaß

Santo Domingo beeindruckt mit seiner Altstadt. Ruhe finden Besucher im kaum erschlossenen Südwesten, viel Abwechslung an der »Badewanne« im Südosten

Nachts funkelt und strahlt die Stadt wie eine dynamische alte Dame, die beschlossen hat, ewig zu leben. Laternen tauchen das historische Herz, die meterdicken Mauern, Türmchen und Bastionen der Zona Colonial, in ein sanftes Licht. An der dem Wasser zugewandten Seite, am Malecón am Meer, brüstet sich Santo Domingo mit Weltstadtformat, mit Luxushotels, deren Neonlichter sich auf den Schaumkronen des Wassers spiegeln.

Santo Domingo ist der Mittelpunkt der Südküste, Metropole des Landes und mit seiner Altstadt aus der Zeit von Kolumbus die älteste Kolonialstadt des Kontinents. Von den Dominikanern nur »La Capital« genannt, ist sie auch der wichtigste Verkehrsknotenpunkt.

Von hier zweigen Autobahnen in alle Richtungen des Landes ab, auch in den noch wenig erschlossenen Südwesten mit der Halbinsel Baoruco und den herrlichen Stränden bei Pedernales an der Grenze zu Haiti. Gebirge mit alten Taíno-stätten und Sklavenverstecken stei-

Die Ozamafestung in Santo Domingos Zona Colonial zeugt von der kolonialen Herrlichkeit der Hauptstadt

Endlosen Badespaß versprechen die Strände der Baorucohalbinsel

gen hier hinter der Küste und am Rand der Enriquillosenke auf, die mit Barahona Schwelle zur wildromantischen Costa Sur ist.

Östlich der Stadt schimmert das Meer hellblau und seicht vor den geschwungenen kleinen Stränden der Ausflugs- und Badeorte Boca Chica und Juan Dolio. An diesem Küstenstreifen münden große Flüsse in die Karibik, wie bei der Stadt San Pedro de Macorís der Río Iguamo oder der Río de Chavón beim eleganten La Romana, kurz vor dem immer noch romantischen Fischerort Bayahibe und dem Parque Nacional del Este. Das Hinterland ist Zuckerrohrland; es dehnt sich als breiter, grüner Küstenteppich vor der Cordillera Oriental und ihren alten Orten aus.

BARAHONA

[127 E2] Aufregende Landschafts-kontraste von trockenen Kakteen-senken und duftendem Kiefernwald mit Jeeppisten bis hin zu meerum-tosten Küstenstraßen und idylli-schen Flussmündungen mit natür-lichen Badepools, aber auch Ein-drücke großer Armut prägen den südwestlichen Landeszipfel, die Pro-vinz Barahona mit der Costa Sur.

Hauptstadt der Region, die we-gen ihrer haitianischen Vergangen-heit stets das Stiefkind der Regie-rung war, ist das 1802 von dem hai-tianischen Präsidenten Toussaint L'Ouverture gegründete Barahona (68 000 Ew.). Mit der jungen Uni-versitätsstadt (seit 1997) beginnt die Costa Sur mit ihren wildroman-tisch in den Hang der aufsteigenden Sierra de Baoruco gebetteten Bade-orten an teilweise steinigen Strän-den (Achtung: lebensgefährliche Unterströmungen!). Die größten Attraktionen der Region sind die Nationalparks mit ihrer seltenen Fauna und Flora. Für Freunde der Taínokultur lohnt ein Abstecher in die nördlich aufsteigende Sierra de Neiba nach San Juan de la Maguana.

ESSEN & TRINKEN

Brisas del Caribe
Schöner Blick auf die Bucht beim Hafen und beste Meeresfrüchtekü-che. Am Wochenende Buffet, Mu-sik und Tanz. *Carretera Batey Cen-tral, Tel. 524 27 94, tgl., €€*

La Campina
Treffpunkt der Einheimischen zu guter dominikanischer Küche und gelegentlich auch Livekonzerten.

Calle N. D. Rosario 8 (Parque Cen-tral), Tel. 524 38 60, tgl., €

ÜBERNACHTEN

Caribe
Tipptopp geführtes, kleines Hotel mit Restaurant. 31 geräumige und gepflegte Zimmer mit TV, Bad, Kli-maanlage. Frühstück inklusive. *Av. Enriquillo, Tel. 524 41 11, Fax 524 41 15, €*

Casa Bonita
☙ Traumhafte Lage über dem Fi-scherdorf Baoruco gut 20 km süd-lich. Ob von den zwölf palmblattge-deckten Komforthütten oder von der Poolterrasse – immer bietet sich ein herrlicher Blick auf das Meer und die Täler der aufsteigenden Sie-rra de Baoruco. *Carretera de la Co-sta Sur km 16, Tel. 696 02 15, Fax 565 73 10, casabonita@hotmail. com, €€*

Coral Sol Resort
Knapp 30 km südlich von Barahona sechs Bungalows mit Meerblick in wunderschöner Hanglage zwischen Blumen und Palmen direkt an wil-dem Strand mit Badepool. Hervor-ragende Küche. *Carretera de la Co-sta Sur km 20 zwischen Baoruco und Paraíso, Tel. 233 48 82, Fax 524 39 29, www.coralsolresort. com, € – €€*

Costa Larimar
Renoviert wiedereröffnetes All-in-clusive-Ferienhotel am schmalen Sandstrand der Stadt. 108 Superior-zimmer mit Balkon, dazu ein Swim-mingpool, Tagungsräume und In-ternetservice. *Av. Enriquillo, Tel. 524 51 11, kein Fax, www.costala rimar.com, €€ – €€€*

El Quemaíto

Nettes, kleines Ferienhotel (schweizerische Leitung) mit Pool und grün umwucherter Liegeterrasse auf einem Hang über dem gleichnamigen Kiesstrand (gutes Schnorchelrevier). *14 Zi., Juan Esteban, Carretera Barahona km 10, Tel./Fax 223 09 99, http://stodomingo.cjb.net, €€*

AM ABEND

Costasur

Treff für Jung und Alt – *estilo familiar.* Hinter dem Restaurant breitet sich eine luftige Disko aus. *Av. Enriquillo 16, Di–So 8–2, Disko ab 21 Uhr*

AUSKUNFT

Secretaría de Estado de Turismo *Carretera Batey Central, Tel. 524 36 50, Fax 524 35 73*

ZIELE IN DER UMGEBUNG

Lago Enriquillo   **[118 B–C 4–5]**

Der rund 300 km^2 große Lago Enriquillo, ursprünglich ein Meeresarm, der die heutige Baorucohalbinsel vom Festland trennte, entstand durch Schwemmsand der Flüsse aus der Sierra de Neiba und der Sierra de Ocoa. Im Innern des Sees hat sich eine seltene Fauna und Flora erhalten, vor allem rund um die ★ *Isla Cabritos,* die zum Nationalpark erklärt wurde. Sie ist Heimat von Flamingos, Pelikanen und vielen anderen Wasservögeln sowie von Nasahornleguanen, vor allem aber letzter Krokodile. Boote starten östlich von La Descubierta *(tgl. 8–12 Uhr, 800 Pesos/Person bei mindestens 8 Personen plus 50 Pesos Parkeintritt).* Wer sich in La Descubierta einquartieren will, fin-

---

MARCO POLO Highlights »Santo Domingo und der Süden«

★ **Zona Colonial**
Unesco-Weltkulturgut zum Bummeln, Einkehren und Schauen (Seite 40)

★ **Altos de Chavón**
Schauen und bummeln in einem Künstlerdorf (Seite 39)

★ **Cueva de Las Maravillas**
Wunderschön hergerichtete Höhle mit vielen Felszeichnungen der Taíno (Seite 38)

★ **Casa Ponce de León**
Im Haus des Entdeckers von Puerto Rico stehen noch seine alten Möbel (Seite 33)

★ **Fundación García-Arevalo**
Die schönsten und erotischsten Taínofunde aus privaten Sammlungen (Seite 47)

★ **Hoyo de Pelempito**
Atemraubender Blick in ein tiefes, weites Tal der Sierra de Baoruco (Seite 30)

★ **Isla Cabritos**
Refugium der frei lebenden Spitzmaulkrokodile (Seite 29)

★ **Isla Saona**
Kokospalmen, Sandstrände und ein idyllisches Fischerdorf (Seite 33)

Flamingokolonien bevölkern die Laguna de Oviedo ganz im Süden

det dort ein paar Pensionen. Ordentlich ist das *Iguana (14 Zi., Calle Padre Billini 3, Tel. 301 48 15, €).*

Nur ein paar Meter östlich des Parkplatzes für die Bootsausflüge zur Isla Cabritos weist ein Schild an der Straße zu *Las Caritas.* Diese in den Stein geritzten »Gesichtchen« an einem Höhlengang sind außergewöhnlich schön erhaltene magische Felszeichnungen aus der Taínozeit.

Parque Nacional Sierra de Baoruco/ Hoyo de Pelempito   [126 C2–3]

Kurz vor Pedernales zweigt gegenüber der Abfahrt zum Cabo Rojo eine perfekt asphaltierte Straße in der Sierra de Baoruco zum ★ *Hoyo del Pelempito* ab, einem 700 m tiefen und 7 km langen Tal, das sich im Herzen des Gebirges öffnet. Biologen schwärmen von dem Mikroklima, das hier verschiedene seltene Pflanzen gedeihen lässt. Aber auch um allein die Stille und Weite vom

Aussichtsplatz zu genießen und vielleicht einen *guaragua,* den dominikanischen Habicht, seine Kreise ziehen zu sehen, lohnt der insgesamt etwa zweistündige Abstecher. *Tgl. 7–18 Uhr, Eintritt 50 Pesos*

Parque Nacional de Jaragua   [126–127 C–D 4–6]

Der Nationalpark Jaragua breitet sich über die ganze Halbinselspitze aus, einem von Höhlen und Einstürzen durchlöcherten sowie von Lagunen und vielen Inseln gerahmten gigantischen Kalkschild. Über 600 Vogelarten sind im Nationalpark beheimatet, darunter große Kolonien von Flamingos. Ausflüge *(ab 300 Pesos)* z. B. zur Flamingolagune werden am Parkeingang bei Oviedo angeboten. *Tgl. 7–18 Uhr, Eintritt 50 Pesos*

Ein anderer Eingang zum Park (Zufahrt kurz vor Pedernales) liegt auf der Westseite der Halbinsel Jaragua hinter dem Cabo Rojo beim

Höhlendorf Las Cuevas. Er ist das Tor zu einem der schönsten Strände der Republik, der 10 km langen *Playa de Águilas,* bislang eine meist menschenleere Küstenmeile und Zufluchtsort vieler Zugvögel. Nach Plänen der Regierung soll hier bald ein zweites Punta Cana entstehen.

Pedernales [126 B3]

Der Mangel an Hotels und Restaurants und der ungepflegte kleine Hafen machen hier schnell deutlich, dass sich bislang noch wenige Touristen in die südliche Grenzstadt zu Haiti (136 km von Barahona) verirrt haben. Wer Lust hat, kann hier ohne große Formalitäten in das haitianische Fischerdorf Anse-à-Pitres rüberschauen. Im Grenzgebiet findet montags und freitags ein typischer Grenzmarkt mit Altkleidern und Billigschuhen statt. Ein ordentliches, familiäres Quartier mit zwei klimatisierten Zimmern in Pedernales ist das *Hostal D'Oleo Méndez (4 Zi., Calle Antonio Duverge 9, Tel. 524 04 16, €);* im Restaurant gibt es auf Vorbestellung gute kreolische Gerichte.

San Juan de la Maguana [119 E3]

Die gepflegte 61 000-Ew.-Stadt, rund 135 km nördlich von Barahona auf 425 m Höhe im fruchtbaren Valle San Juan gelegen, wurde 1504 von Spaniern gegründet. Nur 1 km nördlich der Stadt breitet sich der *Corral de los Indios* aus. Bei diesem größten erhaltenen Zeremonienplatz der Taínozeit soll es sich um den Festplatz der Fürstin Anacaona handeln. Ihn ziert in der Mitte ein großer, phallusförmiger Kultstein mit Felszeichnungen.

Insider Tipp

In der Av. Independencia, der Hauptstraße der Stadt, gibt es ein paar gute, kleine Restaurants. Gepflegt und komfortabel übernachtet man im *Hotel D'Angel (28 Zi., Calle 19 de Marzo 3, Ecke Av. Independencia, Tel. 557 53 03, Fax 557 34 84, €).*

Bayahibe

[124 C5] Ein letzter Hauch alter Fischerromantik, herrliche weiße Korallensandstrände in der Umgebung, dazu die Nähe des großen Parque Nacional del Este mit seiner traumhaften Isla Saona haben Bayahibe (2500 Ew.) aus dem Dörnröschenschlaf geweckt und in ein neues touristisches Ziel mit mehreren großen All-inclusive-Anlagen und vielen kleinen Hotels, Restaurants und Sportveranstaltern verwandelt. Die Ausflugsboote für die Isla Saona drängeln sich in einer für sie reservierten Bucht, die andere ist für die Boote der Fischer reserviert. Von Bayahibe lohnt ein Ausflug zur Casa Ponce de León und ins Fischerdorf Boca de Yuma mit seinem malerischen Bootshafen zwischen den Felsen an der Mündung des Río Yuma.

ESSEN & TRINKEN

Issa Mar

Einfaches Fischrestaurant direkt am Strand, in dem es köstliche frische Langusten gibt. *Playa Bayahibe, Tel. 280 23 30, tgl., €*

La Punta

Stets zieht durch dieses prominent zwischen den Buchten gelegene, offene Restaurant eine angenehme Brise. Gute Langusten und Meeresfrüchtecocktails. *La Punta, Tel. 833 00 80, tgl., € – €€*

All-inclusive-Anlagen sind das *Casa del Mar (www.sunscaperesorts. com), Dominicus* und *Dominicus Palace (www.vivaresorts.com)* sowie *Coral Canao (www.coralbyhil ton.com)* – sie sind preisgünstiger über Reiseveranstalter zu buchen.

Boca Yate
Ein kleines Paradies unter Palmblättern. Es liegt im Windschatten eines großen Hotels und in der Nähe von Einkaufsläden; geführt wird es von einem Italiener. Bis zum Strand sind es nur ein paar Minuten Fußweg. *15 Zi., Tel. Tel. 688 68 22, hbocaya tej@verizon.net.do, €–€€*

Insider Tipp **Villa Iguana**
Sehr gut geführtes Gästehaus, nur eine Spazierminute vom Meer ent-

fernt. Die deutschen Betreuer Martina und Werner leben seit über zehn Jahren in Bayahibe. *3 Apartments, 7 Zi., Calle 8, Tel./Fax 833 02 03, www.VillaIguana.de, €–€€*

FREIZEIT & SPORT

Tauchen
Bayahibe ist eines der besten Tauchreviere des Landes. Am Außenriff bei der Isla Saona tummeln sich Großfische und im Winter sogar Buckel- oder Belugawale und an den Steilwänden der Isla Catalina Schildkröten, Adlerrochen oder Barrakudas. Interessierte finden am Ort zwei Tauchschulen: Von Deutschen betrieben wird die PADI-Tauchschule *Scubafun (Tel. 833 00 03, www.Scubafun.de)*, von Schweizern das PADI-*Swiss Dive Center Casa Daniel (Tel. 833 00 50, Fax 833 00 10, www.casa-daniel. de)*. Geboten werden Strömungs-, Wrack- oder Nachttauchen und natürlich Schnorcheln. Ein Toprevier für Schnorchler sind vor allem die Ufer der Isla Catalinita im Paso de Catuán.

ZIELE IN DER UMGEBUNG

Boca de Yuma [125 D5] Insider Tipp
Eine Bucht voll bunter Fischerboote, sonntags Musik und überall Imbissstände für Bratfisch oder Muschelfleisch, dazu ein Traumblick über die Karibik – das ist Dominikanische Republik, wie sie kaum typischer sein könnte. In der *Cueva de Bernard* am Westende des Orts sind Taínozeichnungen zu sehen. Der Eingang zum Nationalpark del Este liegt gleich dahinter. Hotelempfehlung: *El Viejo Pirata, 5 Zi., Tel. 355 33 65, €*

Pastellparadies unter Palmen: Wo das Idyll endet und die Armut beginnt, ist für Europäer schwer zu beurteilen

Casa Ponce de León [125 D4]

★ Das 1505 errichtete Haus des Eroberers Ponce de León ist eines der seltenen erhaltenen Beispiele der ersten Wohn- und Verwaltungsgebäude aus der spanischen Kolonialzeit. Zum Schutz gegen Indianerüberfälle besteht es wie ein Fort aus massiven Mauern. Im Haus sind Möbel und Gegenstände zu sehen, die noch von León stammen sollen. *Zufahrt ca. 30 km nordöstlich von der Straße nach San Rafael del Yuma, bei den drei weißen Kreuzen links auf die Schotterstraße einbiegen (bis zur Casa 5 km), Di–So 8 bis 17.30 Uhr (auf den Wärter warten!), Eintritt 15 Pesos*

Parque Nacional del Este/
Isla Saona [124–125 C–D 5–6]

In dem seit 1975 geschützten, 430 km^2 großen Gebiet wenige Kilometer südlich hat sich eine üppige Fauna und Flora erhalten, darunter zahlreiche Orchideenarten, Mahagonibäume, Papageien und verschiedene Wasservögel wie der Rotfußtölpel. Zum Park gehören auch der Paso de Catuán, die Isla Catalinita und die Isla Saona – insgesamt das größte unversehrte Küstenökosystem der Karibik. In Tagesausflügen mit Führer erreichbar sind die mit Taínozeichnungen geschmückten Höhlen *Cueva del Puente* und *José María.*

Viel frequentiertes Ausflugsziel ist die ★ *Isla Saona,* da sie den schönsten Palmenstrand der Republik besitzt. Kilometerlang und blendend weiß, säumt er die 130 km^2 große Insel, malerisch gerahmt von Kokospalmen. Die Besucher, die mit Booten an verschiedenen Strandabschnitten landen, erwarten außerdem urige Restaurants und

Bilderbuchidyll: bunte Boote im Hafen von Boca de Yuma

ein paar Souvenirstände. *Überfahrt von Bayahibe (30 Min.) tgl. 8–16 Uhr, ab 49 Dollar*

BOCA CHICA

[122 C6] Der Ort (22 000 Ew.), mit dem *barrio* Andrés eigentlich ein Zwitter aus Vorstadt und Badeort, liegt 30 km von Santo Domingo und 6 km vom internationalen Flughafen entfernt am neuen, breiten Boulevard, der die Strände und Orte der Südküste verbindet. Die Bucht von Boca Chica gehört zu den besonders schönen Plätzen im Land. In das durchsichtig schimmernde Wasser sind ufernah die kleinen Inseln Isla de Pinos und Isla Matica eingebettet. Die Bucht wird gern »Badewanne« genannt,

Boca Chica

weil sie so flach und daher ein idealer Badeplatz für Kinder ist. Bis zum vorgelagerten Riff wird das Wasser kaum tiefer als 1,50 m. Den ursprünglich recht schmalen Strand erweitern heute künstlich aufgeschüttete Ruhezonen. An der Calle Duarte reihen sich zahlreiche Bars, Restaurants und Souvenirläden zu einer stets mit Bachata- und Merenguemusik beschallten, neonfunkelnden, bunten Amüsiermeile aneinander. Ruhe findet man vor allem am Ostrand der Stadt. *www.bocachicabeach.net*

ESSEN & TRINKEN

Boca Marina
Insider Tipp

Dezente Musik sorgt in diesem guten Fischrestaurant am Meer für Entspannung. Sehr aufmerksamer Service, phantastischer Salat mit Krabben. *Calle Prolongación Duarte 12 a (neben dem Neptuno), Tel. oder 523 67 02, tgl., €€€*

Il Colibri
Direkt am Strand die beste Adresse für Freunde italienischer Kost. *Playa de Boca Chica, Mobiltel. 914 06 10, tgl., €€*

Neptuno's Club
Erstklassiges Fischlokal, mit Haiaquarium und Livemusik (Mi, Sa) auch optisch und akustisch ein Genuss. *Calle Prolongación Duarte 12, Tel. 523 47 03, www.neptunosclub.com, tgl., €€ – €€€*

La Pequeña Suiza
Pause beim Bummel über die Hauptstraße gefällig? Spezialität des netten, kleinen Schweizer Restaurants ist *fondue de mar. Calle Duarte 56, Tel. 523 46 19, tgl., €€*

ÜBERNACHTEN

Casa Coco
Angenehme Pension mit Poolgarten; alle zehn Zimmer mit Bad, üppiges Frühstück. *Calle Domínguez 8, Tel. 523 44 09, kein Fax, hotel casacoco@yahoo.fr, € – €€*

Costalunga Residencial Club
Unabhängig wie ein Einwohner Boca Chicas wohnen: Das moderne Apartmentgebäude in ruhiger Randlage, doch nah zum Ortskern, bietet einen Pool im Garten, ein Restaurant und Internetservice. *18 Zi., Av. del Sur 3, Tel./Fax 523 68 83, www.costalunga.net, €€*

Don Juan Beach Resort
All-inclusive-Anlage in Palmen- und Mandelbaumgarten mit Pool vor einem aufgeschütteten Strandabschnitt. *225 Zi., Boca Chica Beach, Tel. 523 45 11, Fax 523 64 22, €€*

Hamaca Coral Beach Hotel & Casino
All-inclusive-Hotel am östlichen Ortsende. Offen für alle ist die Diskothek. *Insider Tipp* *630 Zi., Calle Duarte 2, Tel. 523 46 11, Fax 523 67 67, www.coralbyhilton.com, €€€*

Mesón Isabela
Private Ferienvillen in vornehmer Gegend am östlichen Ortsende auf einem Hügel am Meer; im Garten ein großer Swimmingpool und Grillgelegenheit. *1 Villa, 5 Studios, Calle Duarte 3, Tel. 523 42 24, Fax 523 46 34, www.mesonisabela.com, €€*

Villa Sans-Soucy
Kanadier bieten in dieser kleinen Anlage am Ortsrand günstige unab-

Boca Chica mit seinen flachen Stränden gilt als »Badewanne der Republik«

hängige Zimmer mit Bad. Das Restaurant ist von November bis April geschlossen. *22 Zi., Calle Juan Bautista Vicini 8, Tel. 523 44 61, lynna 83@hotmail.com, €*

FREIZEIT & SPORT

Tauchen
Zwei Schiffswracks sowie mehrere Grotten und Höhlen im nahen *Parque Nacional Submarino* bieten Tauchern beste Bedingungen. Die Tauchschule *Orca Divers (Abraham Núñez 27, Tel. 866 75 55, www.orca-divers.de)* unterrichtet auf Deutsch und bietet auch aufregende Tauchgänge in die Unterwasserhöhlen der Region.

Windsurfen
Vor allem Anfänger finden in der flachen Bucht von Boca Chica gute Bedingungen vor. Verleih von Brettern und Unterricht über die meisten Hotels.

AM ABEND

Boca Chicas nächtliche Szene litt jahrelang unter dem Ruf, ein Tummelplatz von Prostituierten zu sein. Polizeiliche Razzien haben mittlerweile so manchem Bar- und Diskobetreiber, der bei seinen Gästen nicht genau genug hinschaute, das Licht abgeschaltet. Geblieben sind ein paar Bars und Diskos an der Hauptstraße Calle Duarte, darunter das schräge alte *Rockcafé 66.* Wer tanzen will, ist in der Diskothek des Hamaca-Coral-Beach-Hotels richtig.

JUAN DOLIO

[123 D–E6] Nie zeigte sich das gute alte Juan Dolio so aufgeräumt und gepflegt wie seit der Fertigstellung des Boulevards, der Schnellstraße zwischen Boca Chica und San Pedro de Macorís. Blühende tropische Büsche verbreiten Urlaubsatmosphäre, Trottoirs wurden angelegt und die Häuser neu gestrichen. Vergangenheit sind Hurrikanverwüstungen und wilde Hippiezeiten. Im alten Ortskern gibt es eine kleine, befestigte Promenade mit Parkplätzen und einer frisch gestrichenen Shoppingplaza mit Bar, Wechselstube, Boutique und Restaurant. Der neuere Ortsteil mit den All-inclusive-Hotels heißt Villas del Mar. Dort reihen sich kleine Einkaufszentren mit Restaurants und Internetcafés aneinander. Ein schöner öffentlicher Strand vor privaten Villen ist die Playa Guayacanes im Westen des Orts. Am Wochenende allerdings trifft sich dort halb Santo Domingo. *www.juandolio.de.vu; www.dom rom.com/juandolio*

ESSEN & TRINKEN

El Concon

Das einzige am Villas-del-Mar-Boulevard zum Meer hin gelegene, schön luftige Restaurant bietet gute Meeresfrüchteküche. *Boulevard Villas del Mar, Tel. 526 26 52, tgl., €*

Deli Swiss

Insider Tipp

Der ehemalige Hotelier Walter Kleinert hat aus seinem kleinen Restaurant einen Zufluchtsort für Gourmets gemacht und eine von den Dominikanern gut besuchte Weinschule. Die Auszeichnungen für den stillen Kochkünstler häufen sich, darunter auch zwei Weinflaschen des renommierten englischen Magazins Wine Spectator. Kleine Sonnenterrasse mit Strandzugang. *Calle Central 338, Playa Guayacanes, Tel. 526 12 26, Di geschl., €€€*

El Sueño

Knoblauchdüfte mischen sich in diesem Openairrestaurant mit dem Geruch des Meers. Beim Essen kann man Passanten beobachten und in die kleine Bucht schauen. Besonders gut sind gegrillte Fische, aber es gibt auch Spaghetti. *Calle Principal, Tel. 526 39 03, Mo geschl., €€*

Der »Beschützer der Indios«

Bartolomé de Las Casas und das System der Leibeigenschaft

Der junge Bartolomé de Las Casas begann in Santo Domingo seine Karriere als »Beschützer der Indios«. 1511 wurde er in Santo Domingo zum Priester geweiht. Er lehrte an der frisch gegründeten Universität und widmete sich der Bewirtschaftung der ihm zugeteilten Güter. Bis er schlagartig die Ungerechtigkeit des spanischen Besiedlungssystems *(encomienda)* erkannte, das die Indianer zu Leibeigenen gemacht hatte. Fortan verzichtete er auf Güter und Sklaven. 1515 begann er mit seinen 14 Inspektionsreisen in die neu entdeckten »westindischen« Länder, wo sich seine schlimmsten Befürchtungen bewahrheiteten. Schreckliche Folge seines Berichts, den er der spanischen Krone vorlegte: Auch Spanien setzte fortan auf aus Afrika verschleppte Sklaven.

EINKAUFEN

Am Ostende des Orts beginnt der lange *Boulevard Villas del Mar,* der zu den All-inclusive-Hotels führt. Gleich in der *Plaza de la Luna* zu Beginn gibts einen schicken Mode-, Schmuck- und Souvenirladen. Danach reiht sich eine Einkaufsplaza an die andere.

ÜBERNACHTEN

All-inclusive-Hotels

Beliebt bei Familien, jungen Leuten und Singles sind das *Barceló Decameron Beach Resort & Casino,* das *Barceló Talanquera Beach Resort,* das *Barceló Capella Beach Resort* und das 15 km östlich gelegene *Barceló Colonia Tropical* – Website für alle: *www.barcelo.com.* Bestes Haus ist das *Coral Costa Caribe Beach & Casino (www.coralbyhilton.com).* Alle sind preiswert nur über Veranstalter buchbar. Einzelreisende können sich in den luxuriösen Resorts aber einen Tages- oder Nachtpass für Besucher holen und sich dann dort an den Buffets laben oder an den Abendprogrammen teilnehmen, z. B. im Barceló Capella ab 24 Euro.

Casa Beatrice

Die zehn praktisch eingerichteten Dreizimmerbungalows in Strandnähe sind ideal für Paare oder Freunde. *Villas Yarimar 17, Tel. 342 28 38, www.casabeatrice.de.vu, €*

Don Pedro

Auch das gibt es: die kleine, preiswerte Pension – Don Pedro hat saubere, ordentliche Zimmer mitten im Zentrum. *21 Zi., Calle Principal 50, Tel. 526 21 47, arqjuandolio@hotmail.com, €*

Fior di Loto

Nicht nur Indienfans werden sich in der »Lotosblume« bei Mara Sandri wie zu Hause fühlen. In ihrem weißen Märchenpalast vermietet sie behagliche Zimmer und bietet auf Wunsch Verpflegung im Restaurant. Für Interessenten gibt sie außerdem Kurse in Yoga, Massage, Selbstverteidigung und Tanz (nur nach Voranmeldung). *Calle Central 517, P. O. Box 513, Tel. 526 11 46, Fax 526 33 32, fiordilotoindia@yahoo.com, €*

Romeo y Julietta

Kleine Pension nur ein paar Schritte vom Ortszentrum unter schweizerischem Management. *5 Zi., 2 Suiten, Calle Principal, Tel. 526 25 05, kein Fax, €*

FREIZEIT & SPORT

Golf

Der 18-Loch-Platz des *Guavaberry Golf & Country Clubs* liegt nördlich des Boulevards an der neuen Autovía del Este. *Tel. 333 46 53, Fax 333 30 30, www.guavaberrygolf.com*

Nexus Tours

Die deutschsprachige Agentur bietet interessante Ausflüge in die ganze Republik an, u. a. zum Nationalpark Los Haïtises im Norden. *Villas Yarimar, Tel. 526 11 65, Fax 526 17 38*

Tauchen

Schnorcheltouren, Grundkurse und Tauchausflüge, auch in deutscher Sprache, bietet *Neptuno Dive Center (Hotel Colonia Tropical, Tel. 526 20 05, Fax 526 25 38, www.neptunodive.com).*

Bar Cacique
Eine Theke mit Satellitenfernseher, Poolbillard und eine kleine Terrasse zum Strand, wo Schach gespielt werden kann. Beim Österreicher »Carlos« trifft man viele Deutsche. *Tgl. ab 9 Uhr (Open End), Calle Principal*

**Cueva de
Las Maravillas** [123 F6]
★ 20 km östlich auf halber Strecke nach La Romana erreicht man den Nationalpark der »Wunderhöhle«. Eingebettet in einen botanischen Garten, ausgestattet mit einem mit Marmor ausgelegten Besucherzentrum und zu einem Drittel von einem 240 m langen Museumspfad mit automatischer Lichtanlage durchzogen, überstrahlt sie an Glanz alle anderen Höhlen im Land. Zur archäologischen Kostbarkeit machen sie 500 mehr als 1000 Jahre alte magische Felszeichnungen der Taínourbevölkerung. *Di–So 9–18 Uhr, Eintritt 200 Pesos inklusive Führer*

San Pedro de Macorís [123 E6]
Wahrzeichen der nur rund 10 km von Juan Dolio entfernten, geschäftigen Stadt (212 000 Ew.) am Río Iguamo sind ihre großen Zuckerfabriken. Die 1822 von deutschen, französischen, italienischen, spanischen und arabischen Einwanderern gegründete Stadt erlebte ihre Blütezeit nach dem Ersten Weltkrieg, als die Zuckerpreise hochschnellten. Die überwiegend aus Kuba stammenden Zuckerbarone machten damals aus San Pedro ein dominikanisches Havanna, wovon im Zentrum schöne restaurierte Häuser zeugen. Die alte Lok von 1912 auf der Rotonda am Ortseingang befuhr noch ein ursprünglich 245 km langes Schienennetz zwischen den Zuckerfabriken. Hoteltipp: *Howard Johnson Hotel Macorix, 170 Zi., Calle Gastón F. Deligne, Tel. 529 21 00, Fax 529 92 39, www.hojo.com, €€*

An die zur Blütezeit zugewanderten Zuckerarbeiter von der englischsprachigen Karibikinsel La Tortola, die *cocolos,* erinnert der wenige Kilometer nördlich gelegene Ort *Batey Consuelo,* Geburtsort von Baseballstar Sammy Sosa. Dort steht sogar noch eine alte Lokomotive von 1904.

LA ROMANA

[124 B4] Die junge Stadt (140 000 Ew.) liegt knapp 40 km hinter San Pedro de Macorís zwischen dem Río Cumayasa und dem Río Chavón und besitzt mittlerweile ihren eigenen internationalen Flugplatz. Den Wohlstand, der es La Romana ermöglichte, die vornehmste Stadt der Republik zu werden, verdankt der Ort in erster Linie dem US-Unternehmen Gulf & Western Company, das in den Dreißigerjahren hier die bis heute größte Zuckerfabrik des Landes unterhielt. Für die höheren Angestellten legte es einen Bungalowpark nebst Hotel an, aus dem später das luxuriöse Hotelresort Casa de Campo wurde. Zur Anlage gehört auch das auf einem Felsplateau erbaute Kunst- und Künstlerdorf Altos de Chavón. La Romana vorgelagert ist die schöne Insel Catalina.

Bis zu 5000 Besucher strömen bei Konzerten in La Romanas Openairtheater

SEHENSWERTES

Altos de Chavón

★ ◄♪► Hoch auf einem Felsplateau über dem Río Chavón wurde dieses architektonische Kunstprodukt erbaut: eine Kolonialsiedlung im Stil des 16. Jhs., die 1976 nach der Idee eines US-amerikanischen Baumeisters entstand, der sich angeblich von Robert Copa, dem Filmausstatter von Federico Fellini und Luchino Visconti, inspirieren ließ. Sie ist mit einem großen Parkplatz, Museum, Restaurant, Bücherei, Kunstgewerbeläden und Kirche als Touristenattraktion konzipiert und mit ihrem 5000 Menschen fassenden Freilufttheater als Veranstaltungsort von Konzerten. Außerdem hat eine Zweigstelle der New Yorker Parson's School of Design in Altos de Chavón ihren Sitz. Der ganze Komplex gehört zum Casa de Campo. *Eintritt 3 Dollar, www.altosdechavon.com*

ÜBERNACHTEN

Barceló Cumayasa

Vom reinen Suiten- zum gemischten All-inclusive-Hotel: Das schöne viktorianische Haus hat unter dem Barceló-Management viel von seiner Klasse verloren. Transfers zur Isla Catalina. *50 Zi. und Suiten, Carretera La Romana km 12, Tel. 550 75 06, Fax 550 81 05, www.barcelo.com, €€*

Casa de Campo

Luxushotel mit großem Areal zum Teil mietbarer privater Villen (hier heiratete Michael Jackson): 300 Zimmer in *casitas* (von Oskar de la Renta eingerichtete Bungalows), 150 Privatvillen. Mit mehreren Golfplätzen, Centro Ecuestre (Reitstall mit Parcours), Polofeld, Tenniscenter, Tontaubenschießgelände, Yachthafen und Segelschule ist es das exklusivste Sporthotel der Republik, wenn nicht der Karibik.

Weltberühmt ist der Golfplatz *The Teeth of the Dog* von Pete Dye. *Tel. 523 33 33, Fax 523 85 48, www. casadcampo.com, €€€*

Olimpo
Ordentliches Hotel im Ortszentrum. Ideal für Durchreisende. *50 Zi., Av. Padre Abreu 7, Tel. 550 76 46, Fax 550 76 47, €*

Santana Beach Resort & Casino
Eine All-inclusive-Welt für sich an einem schönen Strand vor La Romana: 400 Zimmer, 37 *villas*, riesige Pools, vier Restaurants, dazu ein »dominikanisches Dorf« mit Supermarkt, Arzt, Friseur etc. *Playa Santana, Tel. 412 10 10, Fax 412 18 18, www.santanabeach.com, €€ – €€€*

ZIEL IN DER UMGEBUNG

Isla Catalina   [124 B5]
Weil die nur knapp 10 km^2 große Insel alle Varianten eines insularen Ökosystems in sich vereint, wurde sie 1995 mitsamt ihren Riffen im Westen und dem Unterwasserteilhang im Süden Nationalpark. Vor allem aber locken drei herrliche Strände. Bootsausflüge werden in den Hotels angeboten.

SANTO DOMINGO

 ### Karte in der hinteren Umschlagklappe

[122 B6] Santo Domingos Anfänge sind Amerikas Anfänge. Die Stadt war für die Spanier der Ausgangspunkt bei der Kolonisierung Süd- und Mittelamerikas und der erste Hafen für die nachdrängenden Siedler. Gegründet wurde sie am Ostufer des Río Ozama – und zwar an einem 4. August von Bartolomé de Colón, dem Bruder von Christoph Kolumbus. Über das Jahr streiten sich die Historiker; die Mutmaßungen reichen von 1494 bis 1498. 1502, als ein Hurrikan Nueva Isabela – so hieß die Siedlung damals – verwüstet hatte, verlegte sie der neue Gouverneur Nicolás de Ovando ans westliche Flussufer und nannte sie nach dem Gründungstag Sonntag Santo Domingo. Aus Sicherheitsgründen wurden nun alle Häuser aus Stein erbaut und die Stadt nach und nach befestigt.

Mit der Ernennung Havannas zum Puerto Principal Mitte des 16. Jhs. und der schnell fortschreitenden Eroberung und Ausbeutung Mittel- und Südamerikas verlor Santo Domingo bald an Bedeutung, blieb aber noch lange ein wichtiges geistiges Zentrum der Kolonialzeit. Ein verheerendes Erdbeben und rund 20 Jahre später die Eroberung und Plünderung durch den Piraten Francis Drake läuteten dann den Niedergang der Stadt ein. Er währte über wechselvolle Zeiten haitianischer Herrschaft und kurzzeitiger Rückkehr zum spanischen Kolonialreich, bis mit der US-Invasion 1916 wieder ein Aufschwung einsetzte.

Die Stadt von Nicolás de Ovando ist heute die ★ *Zona Colonial* der rund 2,2 Mio. Ew. zählenden Hauptstadt und größte kulturelle Sehenswürdigkeit der Republik. Seit 1990 Unesco-Weltkulturgut, beleben diese Altstadt zahlreiche Museen, Cafés, Restaurants und Geschäfte. Über diesen Kern wuchs Santo Domingo erst während der amerikanischen Besatzungszeit in den Zwanzigerjahren des 20. Jhs., unter Präsident Trujillo und nach dessen Tod hinaus, als sein Besitz

*Monumental bis größenwahnsinnig: Zur 500-Jahr-Feier 1992 wurde
der Betonkoloss des Kolumbusgrabmals, der Faro a Colón, eingeweiht*

zur Bebauung freigegeben wurde.
Aus jener Zeit stammt die großspu-
rig angelegte Neustadt mit monumentalen Gebäudekomplexen wie
dem Centro de los Héroes oder
dem Centro Olímpico Juan Pablo
Duarte. In den Siebzigerjahren entstand dann auf dem lange brachlie-
genden ehemaligen Familienbesitz
von Trujillo die Plaza de la Cultura
mit dem Teatro Nacional und den
wichtigsten Museen Santo Domingos. Mitte der Neunzigerjahre er-
hielt die Metropole einen modernen Anstrich mit Stadtautobahnen,
Unterführungen und zahlreichen
eleganten Shoppingmalls wie an
der Avenida 27 de Febrero, die über
die Avenida Luperón zur Autopista
Duarte (Autopista 1) führt.

Zur Karibik hin rahmt die Hauptstadt eine prachtvolle, vierspurige
Uferstraße mit Spazierboulevard
unter Palmen an der felsigen Was-
serseite, an der bei schwerer See
die Gischt hochspritzt: die Avenida

George Washington, meist nur Malecón genannt. Im äußersten Westen führt sie über die Stichstraße
Avenida Jiménez Moya zu den
Höhlenattraktionen im Parque Mirador del Sur bzw. weiter zur Autopista 2 in den Südwesten.

Im Osten geht sie über in den
Paseo Presidente Billini zwischen
der Altstadt und ihren alten Küs-
tenbefestigungen wie dem Fuerte
de San Gil. Er umrundet die Altstadt und mündet beim Kreuzfahrt-
hafen in die Avenida Francisco Caa-
maño (auch Av. del Puerto genannt). Diese führt direkt zur (für
den Schwerverkehr und von 10 bis
11.30 und 21.30 bis 22.30 Uhr ge-
schlossenen) Puente Flotante über
den Río Ozama. Am Ostufer setzt
sich die Küstenstraße als Avenida
España fort. Sie führt hinauf zum
Faro a Colón am Parque Mirador
del Este und dem Parque de los
Tres Ojos oder unten am Ufer entlang zum Aquarium.

SEHENSWERTES

Acuario [0]

Attraktion ist der durchsichtige Aquariumtunnel, in dem man die Haie über sich schwimmen sehen kann. *Di–So 9.30–17.30 Uhr, Eintritt 15 Pesos, Av. España*

Calle Arzobispo Meriño [U F4–6]

Wer sich für die Herkunft und Verarbeitung des dominikanischen Bernsteins interessiert, sollte in der Calle Arzobispo Meriño 452 in das liebevoll gestaltete *Museo Ámbar (Mo–Sa 9–18 Uhr, kein Eintritt)* hineinschauen. Ganz am nördlichen Ende der Straße erhebt sich die stark befestigte *Iglesia Santa Bárbara* (um 1510) mit ihren monumentalen Türmen.

Calle Las Damas [U F5–6]

Ursprünglich die »Königliche Straße«, weil sie auf den Palast zuführt, erinnert ihr Name an María de Toledo, Ehefrau von Diego Colón, die hier gern mit ihren Damen promenierte. Die Straße wurde zeitgleich mit der *Fortaleza Ozama (Mo–Sa 9 bis 19, So 10–15 Uhr, Eintritt 20 Pesos)* angelegt, deren Reste sich hinter dem Portal de Carlos III zeigen: die mittelalterlich wirkende ⚡ *Torre del Homenaje* (1507), Spähturm, Verlies und Bürgermeisterresidenz. Von oben bietet sich ein herrlicher Blick auf die Mündung des Río Ozama. Von 1533 bis 1557 schrieb hier der königliche Chronist der Konquista, Gonzalo Fernández de Oviedo, seine »Historia General y Natural de las Indias«.

Gleich daneben wohnten die Bastidas, eine der einflussreichsten Familien der frühen Kolonialzeit. In der *Casa Bastidas,* die einen arka-dengeschmückten Innenhof besitzt, ist das *Museo Infantil* untergebracht (s. Kapitel »Mit Kindern reisen«). Gegenüber in der *Casa Francia* (heute Sitz der französischen Botschaft, keine Besichtigung) an der Ecke Calle Las Damas/Calle El Conde soll sich Hernán Cortés auf die Eroberung Kubas vorbereitet haben, bevor er von dort weiter nach Mexiko zog.

Weiter Richtung Norden öffnet sich der Blick in die Heldengedenkstätte des *Panteón Nacional (tgl. 8 bis 18 Uhr, kein Eintritt)* in der ehemaligen Jesuitenkirche. Vom Reichtum des aus Lateinamerika vertriebenen Ordens erzählt die prächtige, von kantigen Säulen untergliederte Fassade. Die Kirche wurde von den Jesuiten nur von 1717 bis 1767 genutzt. Danach diente sie kurze Zeit als Tabaklager. Unter Trujillo, der sie zu seiner späteren Grabstätte machen wollte, wurde sie dann 1956 zu einem Mausoleum umgebaut. Heute ehrt das Gebäude berühmte Persönlichkeiten des Landes wie Gregorio Luperón und Eugenio Hostos – und die Mörder von Trujillo.

Gegenüber, im neuen Sofitel-Hotel Nicolás de Ovando, verbergen sich die historischen Mauern der *Casas de Ovando y Diego de Dávila,* Wohnsitze des Stadtgründers und des von ihm nach Hispaniola berufenen Ratsherrn Dávila. Die kleine *Capilla de los Remedios* ein Stück weiter mit dem gestuften Glockengiebel stand auf dem Dávila-Grundstück und wurde von der Familie als Privatkapelle genutzt.

Vor den Zinnen der Mauer, luftiger abendlicher Treffpunkt der Verliebten, steht der Turm einer alten Sonnenuhr, und gegenüber breitet

In den Casas Reales residierten einst die spanischen Gouverneure

sich der kompakte Gebäudekomplex der *Casas Reales (tgl. 9–17 Uhr, Führungen 30 Pesos)* aus. Der nordwestliche Teil war Sitz des Gouverneurs, der südöstliche Real Audiencia (Gerichtshof). Innen ist das wichtigste historische Museum der Stadt untergebracht; zu sehen sind unter anderem alte Kettenhemden und Säbel.

Calle Hostos [U E4–5]

Hübsch auf einem Hügel an der Ecke zur Calle Emiliano Tejera thronen die Ruinen des *Monasterio San Francisco,* Mitte des 16. Jhs. von Rodrigo de Liendo erbaut. In der Kirche hatte Alonso de Ojeda, Gründer erster Kolonialstädte an der Karibikküste Südamerikas, lange seine Grabstätte, bis sie im Bürgerkrieg 1965 unter nie ganz geklärten Umständen verschwand. Einen Block weiter sind die Ruinen des bereits 1503 erbauten *Hospital San Nicolás de Bari* zu sehen, des ersten Krankenhauses in Amerika.

Calle Isabel la Católica [U F4–6]

Im Rücken der Kathedrale erhebt sich die hell gestrichene *Casa del Sacramento* (Anfang 16. Jh. – der Turm kam 1931 dazu), Sitz des ersten Erzbischofs. Südlich, in der Calle Isabel la Católica 54, finden Sie das private *Museo Larimar (Mo–Sa 9–18 Uhr, Eintritt frei).* Es informiert anschaulich über Herkunft und Verarbeitung des dominikanischen Halbedelsteins.

An der Ecke zur Calle Emiliano Tejera sehen Sie dann die berühmte Fassade der *Casa del Cordón* mit ihrer aus Stein gehauenen Kordel. Das Haus von Francisco Garay, der schon mit Kolumbus nach Hispaniola kam, gilt als ältestes der Stadt. Diego Colón bewohnte es, bis sein Palast fertig wurde. 1510 und 1511 wurden hier seine Kinder geboren. Später nistete sich Francis Drake ein und kassierte hier von den Stadtbürgern Gold und Juwelen.

Wer sich für die Geschichte der Dominikanischen Republik interes-

43

siert: Das Geburtshaus von Pablo Duarte in der Calle Isabel la Católica 308, heute *Museum (Mo–Fr 9 bis 17, Sa 9–12 Uhr, Eintritt 20 Pesos)* gibt einen Einblick in das Leben des Republikvaters.

Calle Padre Billini　　**[U E–F 5–6]**
An der Ecke zur Calle Isabel la Católica ist das Colegio Santa Clara zu sehen, eine Grundschule in noch teilweise erhaltenen Mauern des ersten Frauenklosters Amerikas. Die alte Klosterkirche mit ihrer schönen Kassettendecke kann nach Anmeldung besichtigt werden.

In westlicher Spazierrichtung öffnet sich bald die kleine Plazoleta Padre Billini mit dem Denkmal des Entdeckers der sterblichen Überreste von Christoph Kolumbus. Gegenüber sehen Sie die *Casa de Tostado (Mo–Sa 9–16 Uhr, Eintritt 20 Pesos)* aus dem Jahr 1510, die heute das Museum für dominikanische Wohnkultur des 19. Jhs beherbergt. Erbaut wurde das für seine gotischen Fenster berühmte Haus von Ovandos Schreiber Francisco Tostado. Sein Sohn verfasste Amerikas erstes Sonett, bevor er durch eine Kugel von Francis Drake starb.

Weiter westlich führt die Calle Padre Billini zur Plaza Duarte mit der Kirche des *Convento de los Dominicanos* (1510), der Urzelle der ersten Universität Amerikas (Universidad de Santo Tómas de Aquino, gegründet 1538). In der Kirche hielt Fray Antón Montesino eine berühmte Adventsrede gegen die Ausbeutung der Indianer. Im Rücken der Kirche erinnert ein Denkmal an seinen besten Schüler, den Indianerbeschützer Bartolomé de Las Casas, der 1515 in der Kirche zum Priester geweiht wurde. Verbunden

waren Kirche und Konvent früher mit der benachbarten *Capilla de la Tercera Orden* (1729). Zwischen beiden Kirchen sind noch die Reste der Verbindungsmauern zu sehen. **Insider Tipp**

Weiter westlich, an der Ecke Calle José Reyes, liegt die *Iglesia Regina Angelorum,* die Kirche eines Nonnenklosters. Sie besitzt sehr schöne, silbergeschmückte Altäre.

Catedral Santa María la Menor　　**[U F5]**
Die älteste Kathedrale Amerikas, entworfen vom italienischen Bischof Alessandro Geraldini und ab 1523 von Luís de Moya und Rodrigo de Liendo erbaut, ist ein Mischbau aus Renaissance und Spätgotik. Den Grundstein soll Diego de Colón schon 1510 gelegt haben. Noch unvollendet, erhob sie der Papst zur »Catedral Primada de América«. Den Haupteingang an der Calle Arzobispo Meriño verzieren üppige Steinmetzarbeiten. Innen in der *Kapelle Nuestra Señora de La Antigua* ist ein sagenumwobenes Heiligenbild zu sehen, von dem lange angenommen wurde, Kolumbus hätte es schon auf seiner ersten Reise mitgebracht. Jüngsten Erkenntnissen zufolge aber wurde es um 1520, also nach seinem Tod, in Sevilla gemalt. 1877 fand Padre Billini in der Kirche die (mutmaßlichen) Überreste von Kolumbus, für die 1992 der Faro a Colón errichtet wurde. *Tgl. 8–16 Uhr (Einlass nur mit bedeckten Beinen und Schultern), Plaza Colón*

Faro a Colón　　**[U F2]**
Die Idee für dieses in Kreuzform errichtete Grabmal für Kolumbus, auf dem Lichtstrahler ein Kreuz in den Himmel projizieren können, ist

über 150 Jahre alt. Verwirklicht wurde sie 1992. Neben dem Kolumbus-Grab ist innen eine Ausstellung über die Entdeckerzeit zu sehen. *Di–So 10–17.30 Uhr, Eintritt 30 Pesos*

**Jardín Botánico/
Parque Zoológico** [0]

Mit Ökomuseum, Wasserpflanzenpavillon, Kräuter-, Orchideen- und japanischem Garten sowie einem Fluss mit Wasserfall, der sich nahe dem benachbarten Zoo (s. Kapitel »Mit Kindern reisen«) in den Río Isabela ergießt, gehört der Botanische Garten zu den schönsten der Karibik. Beide Parks kann man auch in kleinen Eisenbahnen erkunden. Der Eingang zum Botanischen Garten liegt in der Av. República de Colombia. Die Av. República de Argentina davor führt zum Zoo (im Kreisverkehr rechts, vor der Brücke links in die Av. Los Arroyos). *Beide Di–So 9–18 Uhr, Eintritt 15 Pesos, Bahnfahrt 7 Pesos*

Las Mercedes [U E5]

Schmuckstück der 1528–1555 von Rodrigo de Liendo erbauten Ordenskirche ist der barocke, angeblich mit Silber aus den Minen der Insel verzierte Altar. Die Westfassade stammt von 1617, 1673 wurde sie erweitert. Der Glockenturm ist der größte Santo Domingos. *Calle Mercedes/Calle José Reyes*

Insider Tipp

Parque de los Tres Ojos [0]

Attraktion der dreiteiligen, 16 m tiefen Höhle ist die Floßfahrt über einen unterirdischen See. Im dunklen, feuchten Klima gedeihen seltene Pflanzen und leben viele Fledermäuse. *Tgl. 8–17.30 Uhr, Eintritt 20 Pesos, Av. Las Américas/Parque Mirador del Este*

Plaza Colón [U F5]

Kernstück der rechtwinkligen Stadtanlage von Nicolás de Ovando, angelegt 1502 und Vorbild aller spanischen Kolonialstädte. Im Westen

Streit um ein Skelett

**Wo liegt der echte Kolumbus?
Jetzt soll eine Genanalyse Klarheit schaffen**

Natürlich sind die Dominikaner davon überzeugt, dass *sie* die Gebeine von Christoph Kolumbus im Faro a Colón aufbewahren. Aber auch die Spanier glauben fest daran, dass *sie* die sterblichen Überreste ihres großen Entdeckers besitzen. Sie sind immerhin seit 1898 die Attraktion der Kathedrale von Sevilla. Zum 500. Todesjahr des Seefahrers soll nun eine DNA-Analyse klären, welche Knochen wirklich die von Kolumbus sind: 2002 öffneten Spezialisten den Metallsarg von Diego de Colón, dem jüngeren Bruder von Kolumbus. Ein Vergleich von Diegos Gebeinen mit jenen von Christoph und dessen Sohn soll die Frage nach dem echten Grab beantworten. Kolumbus starb am 20. Mai 1506 in Spanien. Sein letzter Wunsch war es, in Santo Domingo begraben zu werden.

begrenzt den Platz die Calle Arzobispo Meriño, im Osten die Calle Isabel la Católica. Dort sieht man die *Casa de Borgellá* (Anfang 16. Jh.), die 80 Prozent ihrer Arkadenfassade durch den Hurrikan George im September 1998 einbüßte (heute Touristinformation). Beherrscht wird der Platz von der Kathedrale Santa María la Menor, gegenüber mündet die Calle El Conde ein. In der Mitte sieht man das Kolumbusdenkmal mit der Taínokazikin Anacaona, ein Werk des französischen Bildhauers Ernesto Guilbert.

Plaza de España [U F4–5]

Den herrlichen Platz mit den Boulevardlokalen vis-à-vis des *Alcázar de Colón (Di–So 9–17 Uhr, Eintritt 50 Pesos),* des Palasts von Vizekönig Diego Colón, ziert in der Mitte ein Denkmal des Stadtgründers Nicolás de Ovando. Zu beiden Seiten des Palasts führen Treppen hinunter zu den Hafentoren Puerta San Diego und Puerta de las Atarazanas Reales. Der Alcázar de Colón wurde 1510 aus Korallenstein gebaut und Mitte des 20. Jhs. rekonstruiert. Er ist heute ein Museum, in dem viele kostbare Einrichtungsgegenstände einen großartigen Eindruck vom feudalen Lebensstil der ersten Kolonialherren vermitteln.

Flankiert wird der Palast zur Linken von *La Atarazana,* dem früheren Zoll- und Warenhaus (1503) und heutigen *Museo de Arqueología Submarina (zzt. geschl.).* Innen sind u. a. die geborgenen Schätze einer 1641 in einem Hurrikan havarierten Galeone zu bestaunen.

Portal del Conde [U D5–6]

Das Tor vor der lebhaften Fußgängerzone Calle El Conde erinnert an den Grafen Peñalva, der die Stadt gegen die Armee von Oliver Cromwell, angeblich 1000 Mann und 56 Schiffe, verteidigte. Am 27. Februar 1844 wurde hier die Unabhängig-

Entspannt und autofrei bummeln Sie durch die Shoppingstraße El Conde

keit der Dominikanischen Republik ausgerufen. Im *Parque de la Independencia,* der sich an das Tor anschließt, erhielten die Landesväter Duarte, Sánchez und Mella ein Ehrengrabmal, vor dem Soldaten Wache halten.

MUSEEN

Fundación García-Arevalo [0]

★ Sensationell fein ausgearbeitete Fundstücke aus der Taínozeit, darunter Teile von Gefäßen mit Griffen in Tierform, und viele erotische Figuren und Gefäße. Die Exponate stammen aus privaten Sammlungen. *Besuch nach Vereinbarung, Tel. 540 77 77, Apparat 249, Eintritt frei, Calle San Martín 279 (im Pepsi-Cola-Hauptgebäude)*

Museo de la Porcelana [U E6]

In diesem privaten Museum wird kostbares Porzellan ausgestellt, das die Reichen von den berühmtesten Manufakturen Europas für ihre Haushalte kauften. *Tgl. 10–18 Uhr, Eintritt 15 Pesos, Calle José Reyes 6*

Plaza de la Cultura [U B2–3]

Mit dem majestätischen *Teatro Nacional (www.teatronacional.com. do)* an der Hauptzufahrt und vier großen Museen repräsentiert der Platz Kunst, Kultur, Geschichte und Natur der Dominikanischen Republik. Das *Museo de Arte Moderno (Di–So 10–17, Do bis 20 Uhr, Eintritt 10 Pesos)* spiegelt mit Werken wie Eligio Pichardos »El sacrificio del chivo« oder »La vida de los campesinos« von José Vela Zanetti das dominikanische Kunstschaffen wider. Das *Museo del Hombre Dominicano (Di–So 10–17 Uhr, Eintritt 20 Pesos)* bringt die multiethnische

Gesellschaft des Landes näher. Im *Museo Nacional de Historia (Di–So 10–17 Uhr, Eintritt frei)* ist seine Geschichte dokumentiert – einschließlich des Wagens, den die Attentäter bei der Ermordung Trujillos fuhren. Und im *Museo Nacional de Historia Natural (Di–So 10–17 Uhr, Eintritt 20 Pesos)* werden anschaulich die verschiedenen Ökosysteme des Landes vorgestellt. *Av. Máximo Gómez, Ecke Calle Pedro Henríquez Ureña*

ESSEN & TRINKEN

Anacaona [U F5]

Die beschaulichere Alternative zum benachbarten Café El Conde – ebenso mit Blick auf den Parque Colón. Gute Küche, z. B. Fisch mit Kokossauce. *Calle El Conde 101, Tel. 682 82 53, tgl., €€ – €€€*

**Boulevardrestaurants
Plaza España** [U F4–5]

Draußen auf den Stühlen der Lokale zu sitzen, die sich in den alten Häusern vis-à-vis des Alcázar de Colón eingenistet haben, gehört zu den schönsten Momenten in der Zona Colonial. In etlichen dieser Restaurants und Pubs kann man auch gut essen. So gehört das *Museo del Jamón (Tel. 688 96 44, tgl., €€,* mit seiner enormen Vielfalt spanischer Schinkenspezialitäten zu den Topadressen. Nett sitzt man auch ein Stückchen weiter in *Rita's Café (tgl., €€)* und wird dort fix und aufmerksam bedient. Gegenüber liegt das *Pat'e Palo (Tel. 687 80 89, tgl., € – €€).*

Coco's [U F5]

Zwei britische Gastronomen haben in dem 300 Jahre alten Haus ein einzigartiges kulinarisches Refugium eingerichtet. *Calle Padre Billini 53, Tel. 687 96 24, So-Abend und Mo geschl., www.dominican-rep. com/cocos.frame.html, €€€*

El Conuco [U C3]

Das erfolgreiche Rezept des nett herausgeputzten Touristenlokals (Palmblätterdach, viele Blumen, lustige rot karierte Tischdecken): Hauptsache, das Ambiente stimmt – dann schmeckt die *cocina típica* fast jedem. *Calle Casimiro de Moya 152, Tel. 686 01 29, tgl., €*

Café Bar Las Flores [U E5]

Die tropisch-bunte Dekoration und der Blick auf die Passanten auf der Calle El Conde machen hier die dominikanische Hausmannskost besonders schmackhaft. *Calle El Conde 366, Tel. 689 18 98, tgl., €*

Mesón D'Bari [U E5]

Bohemeatmosphäre in einem alten Kaufmannshaus der Zona Colonial – man speist wie in einer Kunstgalerie, z. B. sehr gutes Fleisch vom Grill oder *pescadito frito. Calle Hostos/Calle Salomé Ureña, Tel. 687 40 91, tgl., €€*

L'Osteria y Restaurante Il Cappuccino [U B3]

Freunde italienischer Kochkunst werden hier gegenüber vom Teatro Nacional von einem venezianischen Küchenchef kulinarisch verwöhnt. Treffpunkt der Society. *Av. Máximo Gómez, Ostería Tel. 689 86 00, tgl., €–€€, Restaurant Tel. 682 80 06, abends geschl., €€–€€€*

Paco's [U D5–6]

Das Essen ist zwar eher mäßig, die Atmosphäre aber einzigartig: Hier lesen Dominikaner Zeitung, frühstücken Touristen und hängen Nachtschwärmer ab: Das Paco's ist rund um die Uhr geöffnet. *El Conde 516, Ecke Palo Hincado, Tel. 688 50 07, tgl., €*

Vesuvio [U C4]

Der Klassiker unter den Malecón-Restaurants mit Meerblick, auch dank seiner soliden italienischen Küche. Große Auswahl an Pizza und Pasta. *Av. George Washington 521, Tel. 221 19 54, tgl., €€–€€€*

EINKAUFEN

Bernstein

Die beste Auswahl bietet der Laden des *Museo Mundo de Ámbar (Calle Arzobispo Meriño 452,* **[U F4]***).*

Bücher

Attraktive Bildbände, z. B. über das historische Santo Domingo, findet man in der *Librería del Centro (Calle Las Damas gegenüber von den Casas Reales,* **[U E5]***).* Eine gute Adresse ist auch die *Librería La Trinitaria (Calle Arzobispo Nouel 160/Calle José Reyes,* **[U E5]***).*

Insider Tipp

El Mesón de la Cava [0]

Schon vom Ambiente her ein Muss: Das Restaurant liegt 50 Fuß unter der Erde in einer natürlichen, in ihren Ecken und Nischen romantisch ausgeleuchteten Höhle. Dominikanische und internationale Spezialitäten. *Av. Mirador del Sur, Tel. 533 28 18, tgl., €€€*

Kunst

Eine Institution in der dominikanischen Kunstszene ist die *Francisco Nader Art Gallery (Calle Rafael Au-*

Haiti

Bittere Armut und blutige Diktaturen prägten die jüngste Geschichte

Die »schwarze« Seite Hispaniolas. Land des Voodoo, der bitteren Armut und blutiger Diktaturen: Haiti ist die einzige Republik der Karibik, die nach erfolgreichen Aufständen von afrikanischen Sklaven gegründet wurde. Nach dem Sturz des ehemaligen Hoffnungsträgers Jean-Bertrand Aristide 2004 hat sich die Situation nicht beruhigt. Die Übergangsregierung und die 7400 Mann starke UN-Mission zur Stabilisierung Haitis konnten bislang weder Elend und Hunger noch die Überfälle bewaffneter Gruppen eindämmen. Tourismus findet praktisch nur noch im Norden statt, vor allem in Labadie, wo die Luxusliner ankern. Attraktionen der Umgebung sind Cap Haïtien, der einst reichste Zuckerhafen der Welt, und die Citadelle La Ferrière mit der Schlossruine Sans Souci, seit 1982 Unesco-Weltkulturerbe.

gusto Sánchez, Ecke Calle Federico Geraldino **[0]**). Die farbenfrohen Bilder von *Cándido Bidó* sind in der Galerie des Künstlers zu sehen *(Calle Dr. Báez 5,* **[U C2]***)*.

Ladenpassagen

Obwohl die zentrale Achse der Altstadt, die Calle El Conde **[U D–F5]**, eine verkehrsberuhigte Einkaufsstraße ist, ist das Warenangebot hier eher dürftig. Die Dominikaner shoppen deshalb lieber in klimatisierten Malls, z. B. in der *Plaza Central* am *Boulevard 27 de Febrero* **[0]**.

Souvenirs

An die Plaza Colón **[U F5]** grenzen große, zum Teil sehr gut sortierte Souvenirläden an, z. B. lohnt *Felipe & Co. (Calle El Conde 105)* einen Besuch, ebenso die dreistöckige *Plaza Columbus (Calle Arzobispo Meriño)*. Eine richtige Schatzhöhle für Souvenirjäger ist der alte *Mercado*

Modelo (Av. Mella 505, **[U D5]***)* am Rand der Altstadt.

Zigarren

Insider kaufen im Laden *Santo Domingo Art & Jewelry* in der *Calle Arzobispo Meriño 202* **[U F5]** oder im *Interconti* am *Malecón* **[U C3]**.

ÜBERNACHTEN

Aida   [U D–E 5–6]

Einfaches Hotel für Nichtraucher mit Balkonen zur autofreien Calle El Conde; es gibt aber auch ruhige (dunkle) Zimmer, zum Teil mit Klimaanlage. *19 Zi., Calle El Conde/ Calle Espaillat, Tel. 685 76 92, kein Fax,* €

Conde de Peñalba   [U F5]

In gediegener Mittelklasseatmosphäre wohnen Sie gegenüber der Kathedrale und haben den beliebtesten Touristentreff, das Eckcafé Conde, gleich im Erdgeschoss. Besonders schön wohnt man im zweiten Stock in Zimmer 5. *20 Zi., Calle El Conde/Calle Arzobispo Meriño, Tel. 688 71 21, Fax 688 73 75, www.condepenalba.com, €*

Insider Tipp

Europa [U F5]

Stilvoll eingerichtetes, sehr gut geführtes Hotel in einem historischen Haus mit hohen, großen Räumen und schönen alten Fliesenböden. ↘ Zimmer 302 bietet Balkonblick in die Altstadt. Gutes Restaurant auf dem Dach. *2 Suiten, 52 Zi., Calle Arzobispo Meriño/Calle Emiliano Tejera, Tel. 285 00 05, Fax 685 16 33, www.antiguohoteleuropa.com, €€–€€€*

Interconti V Centenario [U C4]

Das der Altstadt am nächsten gelegene Luxushotel am Malecón ist nach dem 500-jährigen Kolumbus-Jubiläum benannt. Hier finden auch viele Kongresse statt. *260 Zi., Av. George Washington 218, Tel. 221 00 00, Fax 221 20 20, www.santo-domingo.intercontinental.com, €€–€€€*

Meliá Santo Domingo [U C4]

Gleichermaßen auf Business und Urlaub zugeschnittenes Renommierhaus der spanischen Hotelkette. Drei Bars und drei Restaurants, Fitness- und Gesundheitscenter und zwei Tennisplätze. *245 Zi., Av. George Washington 365, Tel. 221 66 66, Fax 221 16 73, www.solmelia.es, €€–€€€*

Mercure Comercial [U E5]

Hier wohnen Sie umspült vom Treiben auf der Calle El Conde. Das glänzend aufpolierte Hotel bietet guten Service und 96 gepflegte Zimmer. *Calle Hostos/Calle El Con-de, Tel. 688 55 00, Fax 688 55 22, www.accor-hotels.com, €€*

Hostal Nicolás Nader [U E5]

Wohnen wie im Kunstmuseum – und dazu in einem Haus, das 1502 für Pedro de Alvarado, den Eroberer Guatemalas, erbaut und 1516 zum Jesuitenkolleg wurde. *10 Zi., Calle General Luperón 151/Calle Duarte, Tel. 682 68 48, Fax 687 78 87, www.naderenterprises.com, €–€€*

Occidental El Embajador [O]

Wer sich gern im Umfeld betuchter Einheimischer einquartiert, wohnt hier angenehm mit Meeresfernblick am grünen und höhlenreichen Parque Mirador del Sur im feinen Stadtteil Bella Vista. *155 Zi., Av. Sarasota 65, Tel. 221 21 31, Fax 508 16 19, www.occidental-hoteles.com, €€*

Palacio [U E5]

Früher bewohnte diesen Stadtpalast der ehemalige Präsident Buenaventura Báez. Heute führt ihn der Deutsche Joachim Wagner als feines Stadthotel. *34 Zi., Calle Duarte 106/Calle Salomé Ureña, Tel. 682 47 30, Fax 687 55 35, www.hotel-palacio.com, €€€*

El Refugio del Pirata [U F5]

Junges, flott hergerichtetes Gästehaus eines Italieners mit Kabel-TV und Kühlschrank. *13 Zi., Calle Arzobispo Meriño 356, Tel. 687 15 72, www.refugiohote.com, €*

Renaissance Jaragua Hotel & Casino [U C3]

Draußen prächtige Wasserfontänen, drinnen der reine Luxus. Pool, Spa, Tennis, Golf im 18-Loch-Metro-

Im Stadtpalast des heutigen Hotel Palacio residierte einst sogar ein Präsident

Country-Club (72 Par). *294 Zi., Av. George Washington 367, Tel. 221 22 22, Fax 221 82 71, www. renaissancehotels.com, €€€*

Sofitel Nicolás de Ovando [U F5]

Insider Tipp

Eine gute Adresse für Altstadtromantiker: Die Mauern des Hotels stammen noch von der ehemaligen Residenz des Stadterbauers Nicolás de Ovando. Von der Poolterrasse blickt man auf den Río Ozama, und zur Plaza España sind es nur ein paar Schritte. *104 Zi., Calle Las Damas, Tel. 685 99 55, Fax 686 65 90, www.sofitel.com, €€€*

AM ABEND

Guácara Taína [0]

Die 350 m^2 große Diskothek in einer Höhle im Parque Mirador del Sur ist bis zu 10 m hoch und fasst auf ihren zwei Ebenen mit Show- und Tanzbühne mehr als 1500 tanzfreudige Menschen. *Tgl. 21–3 oder 4 Uhr, Eintritt ab 10 Dollar, Av. Rómulo Betancourt 655*

Karamba Bar [U F6]

Vor der Bar von Alex breitet sich ein schöner, kleiner Park mit Blick auf den Hafen aus. Ein beliebter Treff nicht nur für Deutsche. *Mo bis Sa 18–2 Uhr, Calle Isabel la Católica 1*

Kasinos

In den Hotels El Embajador, Lina, Jaragua Renaissance, Santo Domingo, V Centenario und Meliá kann man auf diese Art sein Geld loswerden.

Nowhere [U E5]

Insider Tipp

Angesagte Nachtbar und Disko. Ein völlig mit Kronkorken zugepflasterter Schrank dient hier als kurioser Eingang. Dahinter öffnet sich ein Innenhof unter einer Glaskuppel – mit Bühne, Bar, Treppchen zur Galerie und Séparées. *Mi–Sa ab 22 Uhr, Calle Hostos 205*

Paraca 77 [U F5]

Ein guter und sehr beliebter Platz zum Abhängen. Oft kann das Lokal seine große Fangemeinde gar nicht fassen, dann stehen die Menschen bis hinaus auf die Straße. Drinnen haben sich Gott und die Welt an den Wänden verewigt. *Tgl. ab 20 Uhr (Open End), Calle Isabel la Católica 255*

AUSKUNFT

Secretaría de Estado de Turismo [U C2]

Av. México / Calle 30 de Marzo (Gebäude D), Tel. 221 46 60, Fax 682 38 06, setcur@verizon.net.do

Secretaría de Estado de Turismo [U F5]

Im Museo de la Catedral an der Plaza Colón, Tel. 686 38 58

ZIELE IN DER UMGEBUNG

Azua [120 A–B5]

Gut 120 km westlich von Santo Domingo gelegen, ist *Azua de Compostela* ein wichtiger Brückenkopf zum Südwesten des Landes. Schon 1504 von Nicolás de Ovando gegründet, aber 1751 von einem Erdbeben zerstört und anschließend landeinwärts neu erbaut, erzählen heute mehr Legenden als Sehenswürdigkeiten über diese 85 000-Ew.-Stadt.

An den berühmtesten ehemaligen Bewohner von Azua, den Taíno Enriquillo, erinnert ein Denkmal gleich bei der Einfahrt in die Stadt. Reste der Kirche, in der er angeblich begraben wurde, finden sich 7 km südlich in *Pueblo Viejo* zwischen Fischerhütten. Es gibt nur ein paar einfache Hotels in der Stadt, z. B. das *Hotel Don Juan* in der *Calle Santomé 73 (23 Zi., Tel. 551 23 37, €)*.

Baní/Salinas [121 D6]

Baní ist eine gepflegte Kleinstadt (48 000 Ew.) knapp 70 km westlich von Santo Domingo, die 1761 von Auswanderern von den Kanarischen Inseln gegründet wurde. Ein kleines *Museum (Mo–Sa 9–12 Uhr, Calle Máximo Gómez 19)* erinnert an den berühmtesten Sohn der Stadt, den 1836 geborenen Máximo Gómez; er erlebte die Rückkehr der Dominikanischen Republik ins spanische Kolonialreich und schloss sich daraufhin der Freiheitsbewegung auf Kuba an, wo er heute als großer Held gefeiert wird.

Einen Abstecher lohnt der rund 20 km entfernte Bade-, Fischer- und Salinenort *Salinas* auf der Landspitze der Bahía de Las Calderas, wo auch die größte Marinebasis des Landes ihren Sitz hat. Neben dem lang gezogenen Ort mit seinen vielen Fischrestaurants türmen sich hohe Dünen, hinter denen ein langer, steiniger Karibikstrand liegt. Schöner ist der goldene Strand in der bei Windsurfern beliebten Bucht, an der auch das einzige Hotel liegt: das *Salinas (45 Zi., Puerto Hermoso 7, Mobiltel. 346 88 55, salinas@hotelsalinas.com, €€)*, nett angelegtes, gepflegtes dominikanisches Ferienhotel mit Vollverpflegung. Am Ende des Orts türmen sich Halden mit Salz von den Salinen und ankern bunte Fischerboote.

Nigua/Playa Najayo [121 E5]

Im Küstenland 30 km südwestlich breitet sich das älteste Zuckeranbaugebiet Amerikas mit sehenswerten Ruinen von Zuckermühlen aus, darunter die älteste Amerikas. Sie reihen sich in weiten Abständen an der *Calle de los Ingenios* am Ortsrand von Nigua auf. Die größte ist der *Ingenio Boca de Nigua* (18. Jh.), die älteste der *Ingenio de Diego Caballero* (16. Jh.). Noch heute steht in der Zona Colonial von Santo Domingo ein Haus dieses Zuckerbarons. Im 16. Jh. war Nigua das Zuckerzentrum Hispaniolas; 1520 standen dort 23 von 26 Zuckermühlen.

Ein beliebtes Ausflugsziel der Großstädter ist die noch 20 km weiter südlich gelegene, von Korallenpools durchsetzte Playa Najayo. Hoteltipp: *Hotel Najayo Beach, 18 Zi., Carretera Najayo, Tel. 470 00 62,* €

**San Cristóbal/
Cuevas de Borbón** [121 E5]
Die 30 km westlich von Santo Domingo gelegene 170 000-Ew.-Stadt verschmilzt heute fast mit Bajos de Haina, dem Industriehafen von Santo Domingo. Man erreicht sie entweder über die Küstenstraße oder über die Autobahn A 2. Die quirlige Geburtsstadt von Trujillo ist seit Mario Vargas Llosas Roman über das Leben des Diktators, »Das Fest des Ziegenbocks«, Ziel so mancher Spurensucher. Kundige Fremdenführer *(beim Secretaría de Estado de Turismo im Gebäude der Gobernación, Av. Constitución, Tel. 528 18 44)* helfen dabei und führen u. a. in die Gruft der Iglesia Nuestra Señora de Consolación, in der der ermordete Diktator drei Monate ruhte.

Hilfreich ist ein Führer auch beim Aufspüren des Eingangs zu den begehbaren Höhlen des nahen *Nationalparks Cuevas de Borbón (Eintritt 50 Pesos)* mit dem *archäologischen Reservat El Pomier*, die eindrucksvolle Kreidezeichnungen aus der Taínozeit zieren.

Der erste Guerillero

Enriquillo und das Ende der Taíno

Die Dominikaner sind stolz darauf, den ersten Widerstandskämpfer Lateinamerikas in ihrer Geschichte zu wissen: Guarocuya war der Sohn des Kaziken – so nennt man die lokalen Führer der Indianervölker – von Baoruco. Er erlebte als Kind, wie sein Vater in einem Hinterhalt der Spanier verbrannte und wenig später die beliebte Taínofürstin Anacaona erhängt wurde. Er selbst fiel den Spaniern als lebende Beute in die Hände. Sie tauften ihn Enriquillo und übergaben ihn der Familie des Vizekönigs Diego de Colón zur Erziehung. Als junger Mann aber besann sich Enriquillo seiner Wurzeln. 1517 verschanzte er sich mit den letzten Taíno, die Verfolgungen, Zwangsarbeit und Krankheiten überlebt hatten, in den Bergen. Dort trotzte er allen Nachstellungen. 1533 endlich fruchteten die Fürbitten von Las Casas: Kaiser Karl V. schloss mit Enriquillo Frieden, hob die Zwangsarbeit auf und gab den letzten Taíno Land in Azua. Das einst so große Volk war da aber bereits auf rund 500 Menschen geschrumpft.

Juwelen unter Kokospalmen

Traumstrände säumen die Costa de Coco. Von der idyllischen Halbinsel Samaná trennt sie nur die Kinderstube der Buckelwale, die Samaná-Bucht

Die Mehrzahl aller Feriengäste landet auf dem Flughafen Punta Cana, überwiegend Pauschalurlauber – denn bis auf wenige Ausnahmen ist die Region Bávaro-Punta Cana eine Region der All-inclusive-Hotels. Eingebettet sind sie in kilometerlange, puderfeine, weiße Palmenstrände, vor denen das Meer helltürkis schimmert. Noch im 20. Jh. war diese Küste eine so unterentwickelte Region, dass die Regierung den Bewohnern gratis Land anbot, mit der Auflage, es für Kokosplantagen zu nutzen. So entstanden die herrlichen Palmenhaine, die dieser Küste den Namen Costa de Coco einbrachten.

In den Achtzigerjahren dann entdeckte der Club Méd die einzigartige Schönheit der Region. Und Anfang der Neunziger begann der Bauboom. Inzwischen hat er auch die alten Dörfer Macao und Juanillo erreicht und die ganze Region erfasst: im Norden bis Uvero Alto nördlich von El Macao, im Süden bis zum Kap Cana. Mittendrin liegt das ehemalige Fischerdorf El Corte-

cito – doch auch dort sind mittlerweile die letzten Holzhäuser verschwunden.

Die Costa de Coco neigt sich im Norden der 60 km langen und bis zu 15 km breiten Samanábucht zu. An deren Anfang breitet sich das urwüchsige Tiefland des Nationalparks Laguna Redonda y Limón aus und an ihrem Ende die einzigartige Karstlandschaft des Nationalparks Los Haïtises. Die Samanábucht ist zudem zwischen Dezember und März Schauplatz eines großartigen Naturereignisses: Dann tummeln sich in ihrem Wasser die selten gewordenen Buckelwale zur Paarung und zur Geburt ihrer Jungen.

Die Bucht trägt ihren Namen nach der rund 50 km langen, etwa 10 km breiten und bis zu 600 m hohen Halbinsel, die sich in ihrem Norden erhebt. Nur vereinzelt säumen ihre Ufer Strände, aber die wenigen können sich in puncto Schönheit durchaus mit denen der Costa de Coco messen. In vorgeschichtlicher Zeit eine Insel, in den Entdeckerzeiten ein berüchtigter Piratenschlupfwinkel, ist die Halbinsel Samaná – ganz im Gegensatz zur Costa de Coco – ein Lieblingsziel von Individualurlaubern.

An den schneeweißen Palmenstränden der Costa de Coco werden Karibikklischees Realität

Am Strand warten alle Wassersportarten auf Unternehmungslustige

BÁVARO/ PUNTA CANA

[125 E–F 3–4] Die Region Punta Cana/Bávaro ist kein Bummelparadies, von vereinzelten Shoppingzentren einmal abgesehen – und vom Strand, auf dem Sie kilometerweit wandern können. Man landet, kurvt kilometerweit über Straßen und ist dann plötzlich beim Hotel, ohne dass man zunächst mehr als dessen Schranke und den Wächter zu Gesicht bekommt. Fast ausschließlich handelt es sich um riesige Anlagen, die ihr Inneres sorgsam mit Hecken und Zäunen vor den Blicken Neugieriger schützen.

Zum Shoppen oder Ausgehen bieten sich der Komplex Plaza Bávaro/Plaza Punta Cana und die an der Zufahrt gelegene, vor allem bei Residenten beliebte kleine Plaza Brisas an; außerdem El Cortecito, das ehemalige Fischerdorf mit seinen Läden, Strandrestaurants, letzten kleinen Hotels und dem Souvenirmarkt am Strand.

Den bereits dichten Straßenverkehr in der Region soll bald eine Umgehungsstraße, ein 1,5 km von der Küste entfernter Boulevard, entlasten. *www.bavaroinfo.com*

ESSEN & TRINKEN

Asador Argentino
Der Name hält, was er verspricht: Hier gibts saftige Steaks aus Argentinien – in zünftiger Ranchatmosphäre. *El Cortecito, Tel. 771 43 57, tgl.,* €€

Captain Cook
Die Tische stehen mitten auf dem Strand, in der Garküche brutzeln duftend frische Fische und Langusten, und dazu leuchtet das Meer, als würde es angestrahlt. *Playa El Cortecito, Tel. 552 06 45, tgl.,* €€–€€€

El Navegante
Inside Tipp

In der Strandhütte werden Langusten und Tintenfisch auf kreolische Art serviert. Zeit und Badezeug mitbringen: Die Zubereitung dauert etwas – warum also hier nicht gleich schwimmen gehen? *Uvero Alto Beach, Tel. 552 61 66, tgl., €–€€*

Plaza Brisas

Den besten Kaffee von Bávaro schlürfen Sie im deutschen Minicafé *Las Delicias (tgl. 8–18 Uhr)*. Die besten Kuchen aber – und außerdem sehr gute spanische Küche – gibt es gleich gegenüber im gemütlichen *Mesón Español Rocío (local 2, Tel. 12 49 52 36, So geschl., €€–€€€)*. Wers mexikanisch mag, der geht einfach ein paar Schritte weiter zum *Restaurant Jalapeño (Tel. 552 10 33, tgl., €)*. Und wer sich nicht lange in einem Restaurant aufhalten will, findet hier auch einen Schnellimbiss mit guten Grillhähnchen. *Auf der linken Seite an der Zufahrt zur Plaza Bávaro*

Insider Tipp

EINKAUFEN

Plaza Bávaro/Plaza Punta Cana

Shoppingcenter mit luftigen Gängen und Innenhof. Es bietet die größte Auswahl an Souvenirs, außerdem einen Supermarkt, ein Internetcenter, ein Telefonbüro und zwei Geldautomaten für internationale Kreditkarten. Etwas preiswerter sind die Geschäfte in der gegenüberliegenden *Plaza Punta Cana*.

ÜBERNACHTEN

Die All-inclusive-Hotels sind ausführlich in den Katalogen der Reiseveranstalter beschrieben. Man sollte sie auch bei ihnen buchen, da sie im Paket mit Flug und Transfers wesentlich preiswerter zu haben sind als individuell gebucht. Vertreten sind die *RIU-Gruppe (www.riuhotels.de), LTI (www.lti.de), Sol Meliá (www.solmelia.es), Allegro Resorts (www.allegroresorts.com), Occidental (www.occidental-hoteles.com, Barceló (www.barcelo.com), Iberostar (www.iberostar.com), Fiesta Hotels (www.fiesta-hotels.com), Amhsa (www.amhsamarina.com), Ocean Hotels (www.oceanhotels.net), Superclubs (www.superclubs.com), Sunscape (www.sunscaperesorts.com)* und vier *Princess Hotels (www.princesshotelsandresorts.com)*. Eingebettet in einen Ökopark ist das *Natura Park (www.blau-hotels.com)*, und an besonders

---

MARCO POLO **Highlights** »Der Osten«

★ **Pueblo de los Pescadores**
Urige Restaurantmeile in alten Fischerhütten am Strand von Las Terrenas (Seite 62)

★ **Buckelwale**
Zu Jahresbeginn können Sie in der Bahía de Samaná Wale beobachten (Seite 65)

★ **Parque Nacional Los Haïtises**
Bootsfahrt durch tropischen Dschungel (Seite 60)

★ **Nationalpark Laguna Redonda y Limón**
Ein Naturparadies gar nicht weit von den All-inclusive-Hotels (Seite 59)

schönen Strandabschnitten liegen die drei südlichsten: das *Punta Cana Beach,* der *Club Méd (www.club med.com)* und das *Punta Cana Resort & Club (www.puntacana.com).* Nördlichste Außenposten sind fünf Resorts in Uvero Alto, darunter das Fünfsternespa *Secrets Excellence (www.secretsresorts.com)* am Nationalpark Bahía de Maimón, einer Flussmündung am Rand von Reisfeldern. An der davor liegenden Playa Macao entsteht ein Convention-Center.

Cayacoa

Ideales Haus für Kurzbesucher: Das kleine Hotel (kreolisches Restaurant *Mesón* gleich daneben) liegt unmittelbar vor der Plaza Bávaro und bietet 25 ordentliche Zimmer mit Kabelfernsehen sowie einen kleinen Pool. *Carretera Friusa–Meliá, Tel. 552 06 22, Fax 552 06 31, €*

Cortecito Inn

Mit seinen zweistöckigen Häuschen um den Pool ist das Hotel die größte (aber immer noch angenehm kleine) Anlage im Ort. Dazu bietet es zwei sehr gute (Fisch-)Restaurants: eins beim Hotel und eins direkt am Strand. *67 Zi., El Cortecito, Tel. 552 06 39, Fax 552 06 41, www. hotelcortecitoinn.com, € – €€*

La Posada de Piedra

Stilvolles Privathaus mit sechs Zimmern direkt am Strand. *Playa El Cortecito, Tel./Fax 221 07 54, www.laposadadepiedra.com, €€*

Naragua

Das zweistöckige Hotel liegt etwa 15 Spaziergehminuten von Cabeza de Toro (Nähe Cabo Engaño) und seinem schmalen öffentlichen Strand

(Club Náutico, Restaurant) entfernt. 17 geräumige Zimmer mit Klimaanlage. *Carretera Cabeza de Toro, Tel. 688 40 60, kein Fax, €*

FREIZEIT & SPORT

Mit den Hotels haben sich Wassersportcenter etabliert, die von Wasserski, Windsurfen, Kajakfahren bis zum Tauchen (mit Ausflügen zum vorgelagerten Wrack) alles anbieten. Golfer erwartet hier das Paradies: Ein halbes Dutzend attraktiver 18-Loch-Plätze (alle Par 72) gibt es schon – und neue sind bereits geplant *(www.golfguide-do.com).*

Pelicano Wassersport

Die Tauchschule steuert mit Speedbooten rund 20 Tauchplätze an. *Hotel Ocean Bávaro, El Cortecito, Tel./Fax 80 95 52 17 20, www.pe licanosport.de*

Rancho Caribeño

Die große Ranch an der Piste von Uvero Alto nach Las Lagunas de Nisibón (hinter dem Secrets Excellence Resort) firmiert auch unter dem Namen *Mama Juana Adventure Tours & Four Wheels.* Hier kann man reiten *(1 Std. ab 20 Dollar)* und *cuatrogomas* (vierrädrige Motorräder) mieten *(2 Std. ab 50 Dollar);* zum Gelände gehört ein Souvenirmarkt. *Tel. 753 36 61*

AM ABEND

Nightlifemagneten sind die kleine Disko *Rincón de la Salsa* (schräg gegenüber der Plaza Bávaro, vor allem Einheimische) und das *Mangú* im Hotel Occidental Flamenco. Die aktuellsten Nachtschwärmertipps gibts bei Stefan oder seinen Barkee-

In die Kathedrale von Higüey strömen im Januar die Wallfahrer

pern in der 24 Stunden geöffneten, namenlosen Eckkneipe an der Plaza Punta Cana gegenüber der Plaza Bávaro.

ZIELE IN DER UMGEBUNG

Higüey [125 D3]

Die geschäftige Provinzmetropole (120 000 Ew.) liegt rund 50 km landeinwärts. Aus dem 16. Jh. stammt die trutzige weiße *Iglesia de San Dionisio* am Parque Altagracia, dem Hauptplatz. Bis zum Bau der nahen Basílica barg sie das Bild der dominikanischen Schutzheiligen Virgen de la Altagracia. Sehenswert blieben in der Kirche der prächtige Mahagonialtar und alte Kacheln. Ziel der Wallfahrer ist heute die *Basílica Nuestra Señora de Altagracia* – vor allem am 21. Januar, dem Patronatstag der Schutzheiligen. Mit ihren geschwungenen Giebeln gilt die weithin sichtbare, 1971 geweihte Basilika heute als architektonisches Meisterwerk der Moderne in Lateinamerika.

Miches [124 B1]

Die kleine Hafenstadt (30 000 Ew.) im Nordwesten (rund 70 km von Bávaro) an einer malerischen Flussmündung markiert den Beginn der Samanábucht. Wer sich gern unter Dominikaner mischt, findet hier einfache Pensionen. Wer mehr von der wunderschönen Küste östlich von Miches sehen will, quartiert sich besser im *La Loma (8 Zi., Tel. 248 58 88, Fax 248 58 87, www.puntaelrey.com, €–€€)* auf dem Ortshügel ein und hat sie vom Balkon aus im Blick. Die Schweizer Inhaber betreiben außerdem zwei Bungalowanlagen an den nahen Traumstränden der Costa Esmeralda östlich von Miches: zehn Bungalows der Anlage Coco Loco und sechs Bungalows der Anlage Punta El Rey Beach Club. Schöner kann man nicht Robinson spielen!

Östlich schließen sich die *Playa Tortuga* an, wo noch Wasserschildkröten ihre Eier ablegen, und der von Lagunen und Mangrovenhainen durchsetzte ★ *Nationalpark*

Laguna Redonda y Limón. Mit dem Meer ist er u. a. durch den Río Cedro verbunden, in dessen Mündungsbereich noch letzte Seekühe *(manatís)* leben.

Parque Nacional
Los Haïtises   [122–123 C–D 2–3]

★ Aus der Luft sehen seine Kegelberge wie ein Eierkarton aus, vom Boot aus kann man gut verstehen, dass dieses von Kanälen durchzogene große Karstgebirge einst ein ideales Piratenversteck war. Größte Attraktion des 1208 km^2 großen Nationalparks sind die eindrucksvollen Taínozeichnungen in den Höhlen *La Arena* und *La Línea* sowie seine urwüchsige tropische Vegetation und reiche Tierwelt. Der Eingang zum Nationalpark liegt rund 120 km nordwestlich (Achtung: schlechte Straße!) am Ortsausgang von Sabana de La Mar beim Hotel *Paraíso Caño Hondo (12 Zi., Tel. 248 59 95, Fax 248 59 94, www.paraisocano hondo.com, €€).* Das erneuerte

Ökohotel bietet Bootstouren in den Park an. Urwaldfreunde sollten sich den neuen, 3,8 km langen, rund zweistündigen Regenwaldpfad nicht entgehen lassen. Führer findet man beim *Infozentrum der Nationalparkverwaltung (Tel. 556 73 33). Nationalparkeintritt: 50 Pesos, Ausflüge mit Führer ab etwa 30 Euro*

LAS GALERAS

[123 F1] Der verschlafene Ferienort (5200 Ew.) an der Ostspitze der Halbinsel Samaná breitet sich um einen überschaubaren schönen, weißen Sandstrand aus, auf den die Fischer ihre Boote heraufziehen und auf dem der Fang in kleinen hölzernen Garküchen gebrutzelt wird. Zu beiden Seiten des Strandes entstanden sehr unterschiedliche Hotels, darunter ein neoviktorianischer Prachtbau und das All-inclusive-Hotel Casa Marina Bay *(www.amhsa marinaresorts.com).* Eine vor dem

Im Karst von Los Haïtises sind viele Höhlen und Grotten entstanden

Palmenstrand im Fischerdorf: Las Galeras ist längst kein Geheimtipp mehr

Ort links abzweigende Straße führt zu der für ihre Schönheit berühmten Playa de Rincón in einer nordwestlich gelegenen Bucht.

ESSEN & TRINKEN

Chez Denise
Hier versteht man sich bestens auf die Zubereitung leckerer Crêpes, z. B. mit Käse und Spinat. Eine weitere Spezialität ist Fisch mit Kokossauce. *Carretera Principal, Tel. 538 02 19, tgl.,* €

ÜBERNACHTEN

Casa Marina Bay
Das Herzstück von Las Galeras. Die familienfreundliche All-inclusive-Anlage, inzwischen auch mit Reit-stall, bietet Rundumservice von Animation bis Kinderbetreuung. *200 Zi., Playa Cala Blanca, Tel. 538 00 20, Fax 538 00 40, www. amhsamarina.com,* €€€

Insider Tipp

Club Bonito
Elegant und prominent am Strand gelegen. *21 Zi., Tel. 538 02 03, Fax 538 02 04, www.club-bonito. com,* €–€€

El Marinique Resort
Fünf *cabañas* (Strandhütten) fern allen Straßenlärms, das Meer vor der Haustür. *Tel. 538 02 62, www. elmarinique.com,* €

Paradiso
Legere Wohnanlage mit sieben Gartenbungalows, nah zum Strand an der Ecke Hauptstraße/Abzweig zur Villa Serena. *Calle Principal, Tel. 342 69 55, kein Fax, www.playarincon.com,* €

Villa Serena
Das wunderschöne Hotel im viktorianischen Stil ist nicht nur bei Hochzeitsreisenden beliebt. Vom Gartenpool bietet sich ein schöner Blick auf die felsige Küste. *21 Zi.,*

Tel. 538 00 00, Fax 538 00 09, www.villaserena.com, €€€

FREIZEIT & SPORT

Biergarten

Ja, Bier trinken kann man in dem Lokal der Münchner Diethelm, Rudi und Anneliese auch (ab 16 Uhr) – vor allem aber veranstalten sie attraktive Wanderungen zu Pferd oder zu Fuß: zu den *Playas Frontón* und *Madame,* zum *Leuchtturm* und zum ↯ Aussichtspunkt *Puerta al Firmamento (ganztägig ab 35 Euro). Unasphaltierte Zufahrt hinter dem Casa Marina Bay, kein Tel., www. samana-natur-pur.de*

Tauchen

Die Tauchbasis *Centro de Buceo Punta Ballena* (PADI, SSI) bietet Schnorchelausflüge ab 15 Dollar und Tauchgänge ab 34 Dollar, außerdem Anfänger- und Fortgeschrittenenkurse. *Calle Principal (gegenüber Plaza Lusitania), Tel. 538 37 03*

LAS TERRENAS

[123 D1] Für Individualtouristen sicherlich der schönste Fleck im Land: Multikultiflair, kreativ, jung, ein bisschen verrückt und doch authentisch karibisch, schließlich war Las Terrenas (11 000 Ew.) ursprünglich ein Fischerdorf. Etliche der ehemaligen Fischer sind heute Laden- oder Gästehausbesitzer, doch blieben sie dabei bodenständig und sind so die perfekte Ergänzung für das bunte Umsteigervolk, das hier in Hotels, Restaurants und Geschäften den Traum von einer neuen Existenz in tropischer Wärme verwirklicht.

Am Hauptstrand liegt das Pueblo de los Pescadores, eine urige Restaurantmeile in einfachen Strandhütten. Die Barfußmeile am Palmenstrand führt weit hinaus bis zu einer Felsbarriere vor den Islas Las Ballenas. Dahinter (nur erreichbar über eine Stichstraße von der Ortshauptstraße) breiten sich die schönsten Strände aus: *Playa Bonita* und *Playa Cozón.* Im Osten schließt El Portillo mit dem kleinen Flughafen und dem gleichnamigen All-inclusive-Resort an.

ESSEN & TRINKEN

Atlantis

Insider Tipp

Lassen Sie sich vom ehemaligen Koch des französischen Präsidenten verwöhnen! *Playa Bonita, Tel. 240 61 11, tgl., €€€*

Heladería Bruno

Hier gibts schon ab 7.30 Uhr Frühstück und gutes Eis. *Plaza El Paseo neben dem Internetcafé, tgl.*

La Capannina

Alles frisch zubereitet, unter hübschem Palmendach mit Meerblick: Spaghetti *frutti di mare,* Pizza mit Mozzarella oder Risotto. *Calle por Portillo, Tel. 844 48 12, tgl., €€*

Pueblo de los Pescadores

★ Das »Dorf der Fischer« ist ein Unikum im Land. Die alten Fischerhütten direkt am Strand wurden in kleine, feine Restaurants und Bars mit kleinen hölzernen Veranden zum Meer umgewandelt. Zu den besten und jüngsten gehört *La Cueva Taína (Mobiltel. 821 98 44, tgl., €€);* Spezialität ist hier das flambiertes Rinderfilet. Schon eine Institution ist das ebenfalls hervorragende *Wasabi (Mobiltel. 977 49 36, Mo geschl., €€)*. Und wem es auch dort nicht gefällt, der fühlt sich vielleicht bei einem der Nachbarn wohl: im *La Salsa, Da Claudio, Casa Boga, Café Atlántico, El Mosquito, Pizza Playa* oder *Etnie*. Das Dorf öffnet jeden Abend um 18 Uhr.

EINKAUFEN

Insider Tipp

Haïtian Caraïbes Art Gallery

Claude Lachamp, früher in Haitis Hauptstadt Port-au-Prince akkreditierter TV-Journalist, bietet eine erlesene Auswahl an Gemälden. Eine Schatztruhe besonderer Art ist seine klimatisierte Zigarrenkammer (auch eigene Zigarrenmarke). *Calle Principal 159*

Nativ'Arte

Erlesene Auswahl kunstgewerblicher Souvenirs, auch Taínokeramiken der Firma Hermanos Guillermo. *Calle Principal (vor der Plaza Paseo de la Costanera)*

ÜBERNACHTEN

Bahía Las Ballenas

Luxus für betuchte Individualisten: 32 geschmackvoll eingerichtete, große Zimmer in palmgedeckten Bungalows, Grillrestaurant, Beautycenter, Pool, Jacuzzi, Tauchzentrum, viele Ausflüge. *Playa Bonita, Tel. 240 60 66, 240 61 07, www.las-terrenas-hotels.com, €€€*

Cacao Beach

Das erste All-inclusive-Hotel am Ort gleich gegenüber vom Strand, mit Pool und Liegewiese. *202 Zi., Punta Francisco Pancho, Tel. 240 60 00, Fax 240 61 97, www.amhsamarina. com, €€ – €€€*

Residence Colibri

Bildschöne, um einen Pool erbaute Apartmentanlage im karibischen Stil direkt am Strand und in Spaziernähe zum Ort (800 m). 45 Apartments verschiedener Größe. *Playa Las Ballenas, Tel. 240 64 34, Fax 240 69 17, www.playacolibri.com, €€ – €€€*

Coyamar

Das künstlerisch gestaltete Hotel betreiben ein Münchner und seine Frau. *Playa Bonita, Tel. / Fax 240 51 30, www.coyamar.com, €€*

Diny

Das ideale Quartier für den Kurzbesuch: preiswert, familiär und zentral, mit Strandrestaurant. *26 Zi., hinter der Plaza Paseo de la Costanera, Tel. 240 61 13, €*

Iguana

Das familiäre, kleine Paradies wird von einer Schweizerin geführt. Die acht Bungalows sind wie eine Wagenburg im Kreis angeordnet. Auf Wunsch freie Küchenbenutzung im Haupthaus. Zum Strand sind es zwei und ins Dorf 15 Minuten zu Fuß. *Playa Las Ballenas, Tel. 240 55 25, Fax 240 60 70, www. iguana-hotel.com, €€ – €€€*

El Portillo

Am aufpolierten All-inclusive-Resort strahlen jetzt fünf Sterne. Für Besucher gibt es Tagespässe (1500 Pescs). *227 Zi., Playa El Portillo, Tel. 686 07 90, Fax 221 61 27, www.portillo-resort.com, €€€*

Insider Tipp

FREIZEIT & SPORT

Das Sporthotel *Tropic Banana (26 Zi., Tel. 240 61 10, Fax 240 61 12, www.tropic-banana.com, € – €€)*

am Strand ist Sitz einer guten Tauchschule (CMAS, PADI) und hat Tennis, Tiefseefischen, Hobiecat und Wasserski im Programm. Ausritte bietet die Ranch *La Isabela (beim Hotel Las Cayenas/Kanesh Beach in der Calle Los Corales, Tel. 847 48 49)* an. Ein neuer Golfplatz war 2005 schon fast fertig.

AM ABEND

Disco-Terraza Nuevo Mundo

🏃 In diesem großen, luftigen Diskoschuppen tanzt das bunte Völkchen von Einheimischen und Touristen zu Rock, Pop und Merengue. *Carretera Principal, Fr, Sa ab 20 Uhr*

AUSKUNFT

Oficina de Turismo

Calle Principal (vor der Haïtian Caraïbes Art Gallery), Tel. 240 63 63, Fax 240 64 59

ZIEL IN DER UMGEBUNG

Salto de Limón   [123 D1]

Wer sich nach einer ordentlichen Dusche sehnt: Der 30 m hohe Was-

Das Nuevo Mundo lockt Urlauber wie Einheimische zu Rock und Merengue

serfall beim Dorf El Limón lädt dazu ein (14 km von Las Terrenas). Er liegt etwa 30 Spazierminuten abseits der Hauptstraße. Empfehlenswerte Führer in der *Santi Rancho (Tel. 452 93 52);* auch Trekking, Reiten und Unterkunft.

SANTA BÁRBARA DE SAMANÁ

[123 E1–2] Sie ist die Hauptstadt der Provinz Samaná, Hafen für die Fähren nach Sabana de la Mar, Yachthafen für Segler und Angler und das Zentrum der kontrollierten, »sanften« Walbeobachtung in der Walsaison von Ende Dezember bis Ende März. Die 60 000-Ew.-Stadt besitzt ein ganz besonderes Flair – allein optisch durch ihre schöne, breite Hafenpromenade mit den 🔻 Aussichtstürmen und die hübsche, 60 m lange Fußgängerbrücke Puente Escondida, die die beiden vorgelagerten Inselchen Cayo Linares und Cayo La Vigia hinter dem Hafenbecken verbindet.

Samaná, wie die Stadt meist nur genannt wird, wurde 1756 als Ostbollwerk gegen die Piratengefahr gegründet. In haitianischer Zeit erhielten Exsklaven aus den USA Land in Samaná. Ihr spanisch eingefärbtes Englisch nennen die Dominikaner Samané; man kann es noch auf dem Markt der Stadt hören. An attraktiven Stränden ist die nähere Umgebung von Samaná indes rar. Eine Ausnahme ist die von schönen Palmenstränden gesäumte vorgelagerte Insel *Cayo Levantado.* **Insider Tipp** *Bootsanleger Simi Baéz an der Carretera Santa Bárbara–Las Galeras, Preis (ab 4 Pers.) 150 Pesos, Überfahrt 10 Min.*

Buckelwale

★ Etwa Ende Dezember treffen die bis zu 15 m langen und 30 bis 40 t schweren Meeressäuger aus den nordatlantischen Gewässern in der Samanábucht ein, um sich zu paaren oder ihre Jungen zu gebären und zu säugen, bis sie stark genug für die Rückwanderung im März sind. Zum Schutz der Tiere entwickelte die Naturschutzorganisation CEBSE Richtlinien für die Bootsführer. Informationen in ihrem *Centro de la Naturaleza (Mo–Fr 9–2.30 und 14–17, Sa/So 11–17 Uhr, Eintritt 20 Pesos, Av. Malecón).* Ein erfahrener Anbieter ist Kim Bedall von *Victoria Marine (Ecke Malecón/ Parque, Tel./Fax 538 24 94, www. ecosamana.de/kim/).*

Bambú

Blick auf Hafen und Brücke, gepflegte Atmosphäre, Spezialität: Meeresfrüchte frisch vom Fischer. *Malecón, Tel. 538 24 95, tgl., €€*

Le France

Kosten Sie hier die regionale Spezialität *pescado al coco* (Fisch in Kokossauce). *Malecón 6, Tel. 538 22 57, im Sommer Mo geschl., €€*

La Mata Rosada

Beste französische Küche: Jedes Gericht auf der Karte mundet. *Malecón 5, Tel. 538 23 88, Di geschl., € – €€*

Insider Tipp **Las Ballenas Escondidas**

☙ Sogar einen kleinen Strand bietet diese in einen steilen Hang mit phantastischem Blick auf die Samanábucht gebaute Anlage. Die sieben Bungalows sind kleine, rustikale Wohnparadiese. Pool mit Fernblick, gutes Restaurant. *Los Naranjos, Tel. 495 08 88, kein Fax, www.hotelballenas.com, €€*

Occidental Gran Bahía

Luxushotel im karibischen Herrenhausstil (reich an Erkern, Balkonen und luftigen Terrassen) an der Felsküste zur Bucht, gegenüber der Insel Cayo Levantado, zu der ein kostenloser Bootstransfer besteht. *110 Zi., Los Cacaos, Tel. 538 31 11, Fax 538 27 64, www.occidental-hoteles.com, €€*

Tropical Lodge

☙ Wer bei den Merands wohnt, genießt von der Poolterrasse einen sehr schönen Blick über die Bucht. *17 Zi., Av. Marina, Tel. 538 24 80, kein Fax, juan.felipe@verizon.net. do, € – €€*

Yachtclub/Tiefseefischen

Informationen für Segler, Tiefseesportangler und für Ausflüge: *Tel. 538 23 34*

Stars

Weiße Säulen rahmen den Eingang zu dieser wiedereröffneten Disko am südlichen Kreisverkehr *(Rotonda). Do–So ab 23 Uhr*

Oficina de Turismo

Calle Santa Bárbara, Tel./Fax 538 23 32

Höhepunkte für Naturgenießer

**Reißende Flüsse für Raftingliebhaber,
Wasserfälle zum Baden und Panoramapisten
durch nebelverhangene Höhen**

Wir haben hier super Bedingungen für Riverrafting«, erzählt Franz Lang von Aventuras del Caribe in Jarabacoa. »Die Wasser gurgeln um große Steinbrocken und stürzen über stattliche Klippen – eine echte Herausforderung selbst für Geübte!« Die Rede ist von den vielen Flüssen, die in der Zentralkordillere entspringen. Aus ihr erheben sich auch die höchsten Gipfel der Karibik: der 3045 m hohe Loma La Rucilla und der 3175 m hohe ★ Pico Duarte, Traumziel vieler Trekkingurlauber. Einmal auf das Dach der Karibik gekraxelt zu sein gehört zweifellos zu den großen Reiseerlebnissen.

Die Landesmitte zeigt die Dominikanische Republik von einer gänzlich unerwarteten Seite: Hier duftet es nach Nadelwald, und abenteuerliche Pisten, die man am besten nur mit dem Jeep befahren sollte, eröffnen traumhafte Ausblicke in tiefe Bergtäler.

Ausgangspunkte für Trips in die Zentralkordillere, ob zu Fuß, mit dem Mountainbike oder im Sattel,

Im Quellgebiet der vier größten dominikanischen Flüsse: Wasserfälle und natürliche Badepools

In den Bergen der Landesmitte entspringen alle großen Flüsse

sind Jarabacoa (530 m) und das gut doppelt so hoch gelegene Constanza.

Jarabacoa und Constanza gehören zur Provinz La Vega, die sich am Fuß der Zentralkordillere ausbreitet. Wer sich für die koloniale Anfangszeit des Landes interessiert, sollte sich hier unbedingt die Ruinen von La Vega Vieja ansehen, das Kolumbus persönlich gründete. Das Tal von La Vega ist Teil des größten Binnentals der Karibik. Es breitet sich aus wie ein riesiger Kessel zwischen der Cordillera Septentrional mit ihren Bernsteinminen, der Cordillera Central und der Cordillera Oriental. Nur im Osten öffnet es sich zur Atlantikküste und der Samanáhalbinsel. Die ganze Ebene ist durchädert von Flüssen und angereichert mit fruchtbaren Schwemmsänden, ganz besonders im Cibaotal nördlich und westlich von Santiago de los Caballeros.

Hier gedeihen die besten Tabakpflanzen und jede Menge Gemüse- und Obstsorten. Kein Wunder, dass sich hier zahlreiche Orte konzentrieren und sich die zweitgrößte Stadt des Landes, Santiago de los Caballeros, entwickelte. Sitz vieler begüterter Dominikaner, wird sie auch gern die heimliche Hauptstadt der Republik genannt.

JARABACOA

[120 B1] Der alte Taínoname Jarabacoa (»Land der Wasser«) sagt schon alles: Der 530 m hoch gelegene Ort (40 000 Ew.) ist Ziel aller Raftingfans, denn hier starten die Touren auf dem Yaque del Norte, dazu laden Wasserfälle in Ortsnähe zu Badeausflügen ein. Die »Stadt des ewigen Frühlings« (durchschnittlich 22 Grad) liegt außerdem an der Hauptroute für den Aufstieg zum Pico Duarte im Nationalpark José Armando Bermúdez. Im Zentrum spürt man wenig vom Tourismus. Treffpunkt der Einheimischen ist der kleine Parque Central.

ESSEN & TRINKEN

Insider Tipp El Cabalgador
Ob Filet Mignon oder die Kuttelsuppe *mondongo* – beim Exilkubaner Miguel versteht man sich auf gute, würzige Küche. *Calle Independencia/Calle Duarte, Tel. 574 46 32, tgl., €*

Del Parque Galería
Pizza und Sandwiches (besonders gut: Thunfisch) mit Blick auf den gepflegten, kleinen Stadtpark. *Calle*

Duarte/Hermanas Mirabel, Tel. 574 67 49, tgl., €

El Rancho
Im Stil einer urigen Ranch gestaltetes, gutes Steakhaus, das auch *chivo* (Ziegenragout) oder Crêpes anbietet. Es gehört zum Rancho Baiguate. *Calle Independencia, Tel. 574 45 57, tgl., €€–€€€*

ÜBERNACHTEN

Brisas del Yaque
Ordentliche Zimmer mit Kabelfernsehen, Klimaanlage und Bad. *8 Zi., Calle Luperón/Calle Pelegrina Herrera, Tel. 574 44 90, Fax 574 61 21, €*

California
Zehn große Zimmer in zwei Seitenflügeln hinter der luftigen, großen Eingangshalle mit Bar. Zurzeit wird die Finca allerdings aufgestockt (Baulärm möglich). *Calle José Durán 99, Tel. 574 62 55, kein Fax, €*

Pinar Dorado
Äußerlich ein hässlicher Hotelklotz, aber innen geschmackvoll mit Kunst, Kamin und rustikalem Landhausmobiliar aufgepeppt. Das beste Haus am Platz. *43 Zi., Carretera Constanza km 1, Tel. 574 28 20, Fax 574 22 37, pinardorado@verizon.net.do, €€*

SPORT

Aventuras del Caribe
Keiner kennt die zahlreichen wilden Bergflüsse mit ihren ★ Cañons und Wasserfällen in der Umgebung von Jarabacoa so gut wie der Österreicher Franz Lang, und nur er hat

sie auf seiner Website *www.dr-cany on.com* auch katalogisiert; nicht wenige erkundete er dabei als Erster. Inzwischen ist in seinem Angebot für alle etwas dabei – ob Anfänger oder Fortgeschrittene. Neben Canyoning (Schluchtenklettern) bietet er auch Kajakfahrten oder Rafting an. Die Dauer der Ausflüge variiert von einem Tag bis zu einer Woche. *Hermanas Mirabal 27, La Vega, Tel./Fax 242 03 95, Handy 223 68 86*

Quintas de Primavera Golf Club

9-Loch-Platz (Par 72) im angenehmen Frühlingsklima von Jarabacoa. *Zufahrt 1 km vor der Stadt links, Greenfee 15 Dollar/Tag, Tel. 251 25 07, Fax 573 66 63, www. golfguide-do.com*

Rancho Baiguate

Der absolute Wahnsinn, was hier alles angeboten wird: Riverrafting, Quadrunning (Querfeldeintouren mit vierrädrigen Motorrädern), Mountainbiketrips, Vogelbeobachtung, Reiten und Trekking auf den Pico Duarte. Auch Hotel *(27 Zi., €€)* mit Pool und Liegewiese. *Tel. 574 49 40, Fax 574 68 90, www. ranchobaiguate.com*

AM ABEND

Antillas

Zentrum einer Miniamüsiermeile. Daneben liegt noch die Disko *Encuentro El Boulevard. Do–So ab 20 Uhr, Av. La Confluenza 26*

ZIELE IN DER UMGEBUNG

Constanza [120 A–B2]

Auch die 40 km südlich und mit knapp 1200 m am höchsten gelegene Stadt (53 000 Ew.) des Landes, Mittelpunkt eines Anbaugebiets für Kaffee, Gemüse und Obst (Aprikosen und Erdbeeren), hat der Alpintourismus inzwischen erreicht. Man kann zum 83 m in die Tiefe stürzenden Wasserfall *Aguas Blancas* wandern oder in die nahe *Reserva Científica Valle Nuevo,* eine auf 2200 m gelegene Hochebene mit dem 2842 m hohen Alto Bandera. Hoteltipp für Natururlauber: *Alto Cerro, Calle Colonial Kennedy, 60 Zi., Tel. 530 61 92, Fax 530 61 93, www.altocerro.com, € – €€*

Insider Tipp

Insider Tipp

MARCO POLO Highlights
»Die Mitte«

★ **Pico Duarte**
Spitze für Wanderer: der höchste Berg der Karibik
(Seite 67)

★ **Parque Histórico La Vega Vieja**
Über 500 Jahre alte Ruinen
(Seite 70)

★ **Cañons und Wasserfälle**
warten auf sportliche Entdecker bei Jarabacoa (Seite 68)

★ **Centro Cultural Eduardo León Jimenes**
Supermodernes Museum zu Archäologie und Kunst
(Seite 71)

Im Landesinneren: Reisfelder im überaus fruchtbaren Cibaotal bei Santiago

Salto Baiguate **[120 C1]**

Wer in den tiefen Cañon hinabsteigt, bekommt eine Ahnung von der atemraubenden Schönheit der dominikanischen Bergwelt. Die Wasser stürzen hier über eine etwa 18 m hohe Felskante in die Tiefe. *Zufahrt bei der Rancho Baiguate, Eintritt frei*

Salto Jimenoa **[120 B1]**

Der Wasserfall fällt tosend über eine 25 m hohe, breite Felswand, an der sich oft um die Mittagszeit Wasserfallkletterer von der Rancho Baiguate abseilen. Wer das Schauspiel sehen will, muss aber erst über schaukelnde Hängebrücken balancieren. Der Wasserfall liegt rund 8 km außerhalb. *Ausgeschilderte Abfahrt vor Jarabacoa, tgl. 8–18 Uhr, Eintritt 20 Pesos*

Santo Cerro/
La Vega Vieja **[116 B–C5]**

Beide Sehenswürdigkeiten liegen nur knapp 1 km voneinander entfernt 30 km nördlich an der Straße nach Moca. Der »Heilige Berg« und

seine 1842 erneuerte Kirche auf dem Gipfel erinnern heute noch an den einzigen massiven Angriff vereinigter Taínoheere gegen ein Häufchen Spanier im Jahr 1495. Die magiegläubigen Indianer schlug damals ein Wunder in die Flucht: Sie bombardierten das von Kolumbus auf dem Berg errichtete Kreuz mit Feuerpfeilen – aber es fing kein Feuer. Kolumbus gründete nach diesem »Sieg« am Fuß des Berges die Vorgängerin des heutigen La Vega.

Von seiner Stadtgründung La Vega Vieja blieben nach dem Erdbeben von 1562 nur zwei dicht beieinander liegende Ruinenfelder, heute als ★ *Parque Histórico La Vega Vieja (tgl. 8–17 Uhr, Eintritt 50 Pesos)* zusammengefasst. Zu sehen sind Reste des Forts La Concepción de La Vega sowie eines Franziskanerklosters.

SANTIAGO

[116 B4] Die Stadt am Río Yaque del Norte, mit rund 700 000 Ew.

die zweitgrößte im Land, ist Wirtschaftsmetropole und altes Zentrum des Tabak- und Zuckerhandels. Aufs Schönste vereint sie karibisches Flair mit Großstadtatmosphäre. Ihre Blütezeit erlebte sie mit ihrem Verschiffungshafen Puerto Plata nach der Unabhängigkeit. An die Helden der Restauration erinnert das Wahrzeichen der Stadt, ein 67 m hohes Monument.

MUSEEN

Centro Cultural Eduardo León Jimenes
★ Modernes Kulturzentrum der gleichnamigen Stiftung mit sehr sehenswerten Ausstellungen zu Archäologie und moderner dominikanischer Kunst. *Di–So 9–21 Uhr, Eintritt 50 Pesos, www.centroleon. org.do, Av. 27 de Febrero 146, Villa Progreso*

Museo de Arte Folclórico Tomás Morel
Einzigartige Sammlung von Karnevalsmasken. *Mo–Sa 9–13 und 15 bis 19 Uhr, Eintritt frei, Spende erbeten, Av. Restauración 174*

ESSEN & TRINKEN

Kukara Macara
Saftige Steaks im zünftigen Ambiente eines mehrstöckigen Blockhauses, abends mit Blick auf das angestrahlte Monument. *Av. Francia A 7, Tel. 241 31 43, tgl., www.kukara macara.com, €€*

EINKAUFEN

Insider Tipp Tabacos Don Esteban
In der kleinen, feinen Zigarrenfabrik kann man sich vom deutschen Manager Oskar Nausch in die Geheimnisse der Produktion einweihen lassen. *Calle Colorado 3 (zwischen Flughafen und Stadt), Anmeldung Tel. 570 71 11, www.donesteban.com*

ÜBERNACHTEN

Camp David Ranch
☙ Hotel auf dem familieneigenen Besitz der Rumdynastie Bermúdez mit tollem Blick über die Stadt Santiago und einer Autosammlung. *40 Zi., Carretera Luperón km 7, Tel. 276 64 00, Fax 276 64 04, €€*

Matum Hotel & Casino
Das gute Hotel liegt vis-à-vis dem Monument für die Wiederherstellung der Republik. *42 Zi., Av. Las Carreras 1, Tel. 581 31 07, Fax 581 84 15, €€*

ZIEL IN DER UMGEBUNG

San Francisco de Macorís[117 D5]
Kakao und Kaffee von den Hängen der Cordillera Septentrional bescherten der 56 km südöstlich gelegenen, drittgrößten Stadt (180 000 Ew.) des Landes Wohlstand. Sie ist Ausgangspunkt für den Weg zu den Wolken, *Insider Tipp* das Reservat des 943 m hohen Hausbergs *Loma Quita Espuela;* seinen Gipfel bedeckt der größte Urwaldrest im Land, vor allem Bergnebelwald. Den 2,7 km langen Weg führen Bauern der Region. Startpunkt ist am Eingang an der Av. Castillo. Die Tour dauert etwa fünf Stunden inklusive Mittagessen im Restaurant und Bad in einem Flussbecken. *Preis: 300 Pesos, Informationen: Fundación Loma Quita de Espuela, Av. Libertad 44, Tel. 588 41 56, www.flqe.org*

Die fröhliche Ferienmeile

In Puerto Plata begann das touristische Zeitalter des Landes; längst hat sich der Fremdenverkehr auf die ganze Küste ausgedehnt

Über der langen, sich sanft nach Osten neigenden Nordküste weht stets ein leichter Wind. Er lockt Surfer an, kühlt die Haut der Sonnenbadenden und bewegt rauschend die Blätter des langstieligen Zuckerrohrs auf den weiten Feldern, die sich im Rücken der Feriensiedlungen ausbreiten.

Vor gut 500 Jahren ankerte Kolumbus an der Nordküste an einem roten Kap, das er von seiner ersten Reise kannte, und errichtete dort die erste spanische Stadt Amerikas: La Isabela. Ihre Reste sind heute die große historische Attraktion im Norden, obwohl nicht viel mehr als Grundmauern erhalten blieben. Am schnellsten sind sie von Luperón aus erreicht, dem jüngsten Ferienort an der Nordküste.

Luperón markiert die jüngste Stufe einer Entwicklung, die in den Siebzigerjahren an dieser Küste einsetzte. Damals landeten auf dem Flughafen von Puerto Plata, der größten, ältesten und sehenswertesten Stadt an der Nordküste, die ersten Sonnenhungrigen, um bald

Vom Fischerdorf zur Surfmetropole: In Cabarete tragen heute die Kiteboarder ihren Weltcup aus

nach Ost und West auszuschwärmen erst in das von deutschen Auswanderern gegründete Sosúa und mit dem Aufkommen des Surfsports dann in das noch weiter östlich liegende Fischerdorf Cabarete. Zwei Orte, die bei aller topografischen Verschiedenheit vor allem eines verbindet: Sie ziehen überwiegend ein unkompliziertes, junges Publikum an.

Auch die weit im Osten gelegenen Strände Playa Río San Juan beim gleichnamigen Ort oder die schöne Playa Grande im Osten hat der Tourismus längst erreicht. Dort hat sich die von örtlicher Infrastruktur unabhängige All-inclusive-Hotellerie niedergelassen. Gleiches geschah im Westen an der Bahía de Maimón. Aber schon gibt es neue Geheimtipps: Zum Beispiel das Fischerdorf Punta Rucia mit seinen vorgelagerten Inseln oder die Wasserfälle in der Cordillera Septentrional.

CABARETE

[116 C2] Der Wind beflügelte in Cabarete (etwa 4000 Ew.) eine sagenhafte Karriere vom kleinen Fischernest zum internationalen ★ Highlight für Wind- und Kitesurfer. Er bläst stetig von Nordost und frischt am Nachmittag auf – ideal für die Anhänger dieser Sportarten. Die Windsurfer kamen Ende der Achtzigerjahre. Seitdem boomt Cabarete. Im Schlepptau der Windsurfer zog es ein natur- und sportbegeistertes Urlaubervölkchen an die 10 km lange, schöne Strandbucht.

Das Rückgrat des Orts ist die Hauptstraße, in der sich Autos, Mopeds und Fußgänger, Restaurants, Läden, Cafés und Bars drängeln. Fast jedes Etablissement, das den Eingang auf der Meerseite hat, bietet auch einen direkten Zugang zum Strand. Abends stellen die Besitzer die Stühle von den Terrassen hinaus in den Sand, Musik erklingt, und die Bucht, in der tagsüber die Surfer ihre Segel hissen, verwandelt sich in eine einzige Gourmet- und Amüsiermeile.

SEHENSWERTES

Nationalpark El Choco
Tropfsteinhöhlen mit Taínofunden. Die Hauptattraktion ist ein Badesee 20 m unter dem Meeresspiegel. *Tgl. 9–16.30 Uhr; Eintritt (mit Führung) 12 Dollar, rund 1 km vom Ortskern (ausgeschildert)*

ESSEN & TRINKEN

La Casa del Pescador
Die beste Adresse für Freunde würzig zubereiteter Meeresfrüchte. Inhaber ist ein französischer Schweizer. *Calle Principal, Tel. 571 07 60, tgl., €€–€€€*

Friends Bistro
Schwungvoll betriebener, guter deutsch-dominikanischer Imbiss, der schnell zum Treffpunkt wurde.

Ob Eier mit Schinken oder halbe Hähnchen – bei den zivilen Preisen findet alles reißenden Absatz. *Calle Principal, abends geschl., €*

Ho-La-La
Feinschmecker kommen von weit, um hier Gourmetküche, die große Weinauswahl und das elegant-lässige Ambiente direkt am Strand zu genießen. Zum Restaurant gehört auch eine Straßenpizzeria. *Calle Principal, Tel. 571 08 06, tgl., €€€*

Miró's
Rostrote Wände mit bunten Miró-Imitationen, dazu der Duft frisch gebackener Tintenfische. Wer will, kann draußen am Strand sitzen. Das Lokal von Lydia Wazama gehört schon zum Ortsinventar. *Calle Principal, Tel. 571 08 88, tgl., €–€€*

Vento
Nett nostalgisch eingerichtetes Lokal, in dem eine Italienerin ihre Gäste mit hausgemachten Köstlichkeiten verwöhnt. *Calle Principal, Tel. 571 09 77, mittags geschl., €–€€*

EINKAUFEN

Cotica
Die Leidenschaft des Inhabers Jean-Daniel Junod ist Bernsteinschmuck. Auch Ausflüge in die Bernsteinminen von Palo Alto und La Cumbre kann man hier buchen. *Calle Principal, Tel. 571 97 67*

ÜBERNACHTEN

In Cabaretes westlichem Außenbezirk Richtung Sosúa entstanden in jüngerer Zeit All-inclusive-Hotels, die bei Reiseveranstaltern preiswerter als vor Ort gebucht werden können. Darunter *Superclubs (www.superclubs.com)* mit einem Breezes-Resort, *Barceló (www.barcelo.com)* mit dem Punta Goleta Beach Resort und Vivaresorts *(www.vivaresorts.com)* mit dem Viva Wyndham Tangerine Beach Resort.

Casa Laguna
Moderner, in einen tropischen Garten eingebetteter kleiner Hotelkomplex mit 118 wohnlich eingerichteten Zimmern und Studios. *Tel. 571 07 25, Fax 571 07 04, www.tropicalclubs.com, €€*

Sanssouci Beach
Apartments in verschiedenen Größen, mit und ohne Meerblick und Balkon. *Calle Principal (Ortsausgang), Tel. 571 07 55, Fax 571 15 42, www.hotel-sans-souci.com, €*

Secret Garden
Mit viel Stil hat das deutsch-ungarische Ehepaar Bettina und János Salánki aus seiner Villa in der Anlage Perla Marina eine Oase für Anspruchsvolle gezaubert. Sehr schöne, große Zimmer, Pool im Garten. *5 Studios, Carretera a Sosúa, Tel./*

Fax 571 20 35, www.the-secretgarden com, €

Villa Taina
Das sympathischste unter den Mittelklassehotels – am Ortseingang direkt am Strand gelegen. Moderne, großzügige Zimmer, guter Service *57 Zi., Calle Principal, Tel. 571 07 22, Fax 571 08 83, www.villataina.com, €€*

FREIZEIT & SPORT

Dive Center Cabarete
PADI-Tauchbasis mit All-inclusive-Yacht für mehrtägige Ausflüge; auch Kurse und Nachttauchen. *Calle Principal, Tel./Fax 571 08 42*

Fanatic Windsurf Center
Die beiden Deutschen Gabi und Thomas helfen hier aufs Brett, daneben betreuen sie den Strandtreff Café Pitu. *Calle Principal 77, Tel./Fax 571 08 61, www.fanatic-cabarete.com*

Gipsy Ranch
Reitausflüge und Unterricht für Pferdenarren. *Carretera a Sosúa,*

MARCO POLO Highlights
»Der Norden«

★ **Pico Isabel de Torres**
Panoramablick vom Hausberg Puerto Platas (Seite 79)

★ **Highlight für Wind- und Kitesurfer**
Beste Bedingungen für diese Sportarten bietet Cabarete (Seite 73)

★ **Fortaleza San Felipe**
Trutziges Monument aus der Piratenzeit in Puerto Plata (Seite 79)

★ **Ruinas de La Isabela**
Wo Kolumbus die erste Siedlung in Amerika baute (Seite 77)

Tel. 571 13 73, www.isuisse.com/ gipsyranch

Iguana Mama

Mountainbiketrips, Höhlenwanderungen oder Familytrips – Insider kennen und schätzen den von einer US-Amerikanerin gegründeten Veranstalter. 21-Gang-Fahrräder und andere zum Verleih. *Calle Principal, Tel. 571 09 08, Fax 571 07 34, www.iguanamama.com*

Kitexcite

Voll ausgerüstetes Kiteboardcenter von Stefan Rüther. Die Schule liegt direkt am »Kite Beach« bei den Kitesurferhotels *extreme (www.ex tremehotels.com)* und *Kite Beach (www.kitebeachhotel.com)* und ist von der International Kiteboarding Organization *(www.ikorg.com)* autorisiert; am Ende des Kurses gibt es ein IKO-Zertifikat. *Tel. 571 95 09, www.kitexcite.com*

AM ABEND

Insider Tipp

Lax

Endstation (Re-)Lax – in die aktuelle *número uno* des Nachtlebens zieht es spätestens um Mitternacht auch die Gäste der anderen Bars und Diskos, um in die Sofas am Strand zu sinken. Am Tag und am früheren Abend locken Chill-out-Ambiente und die wechselnden kulinarischen Angebote der Küche von Sushi bis Thai. *Tgl. 8–2 Uhr; www. lax-cabarete.com, Calle Principal*

Onno's Bar

Klein, aber fein: In diesem »Rock and Roll Refuge« mit palmengedeckter Strandbar trifft sich die Szene. Gelegentlich Livekonzerte. *Tgl. 9–4 oder 5 Uhr; Calle Principal*

ZIELE IN DER UMGEBUNG

Cordillera Septentrional [116 C3]

Über die grünen Hänge und Kuppen des Gebirges im Rücken der Nordküste führt südlich von Cabarete die Straße nach Moca. Auf dem ersten Hügel liegt links die Zufahrt zum Hotel und Restaurant *Blue Moon (Carretera Los Brazos, Tel. 223 06 14, Fax 571 09 64, www. bluemoonretreat.net, €)*, wo man sich auf luftiger Bergkuppe zu stil-echtem indischem Essen trifft. Das **Insider Tipp** Essen wird nur nach Anmeldung ab acht Personen angeboten, Einzelpersonen können sich aber anschließen. Alle Gäste sitzen zum Essen auf dem Fußboden im Kreis.

Der schönste Aussichtsplatz der Nation wartet dann in *La Cumbre* kurz vor Jamao al Norte: Vom Balkon des *Caffetto (Tel. 471 00 15, tgl., € – €€)* öffnet sich ein phantastischer Panoramablick über das Cibaotal und die Städte Moca und Santiago.

Río San Juan [117 E3]

Ursprünglich kamen Besucher in das 50 km östlich gelegene Río San Juan nur, um auf der *Süßwasserlagune Grí-Grí* Dschungelatmosphäre zu erleben (Abfahrten im Ort, Mückenschutz nicht vergessen!). Heute gibt es in dem ehemaligen Fischerort eine gute Infrastruktur (Hoteltipp: *Bahía Blanca, 21 Zi., Calle Gastón Deligne, Tel. 589 25 63, Fax 589 25 28, bahia.blanca.dr@ verizon.net.do, €)*, denn er ist auch dörflicher Vorposten der umliegenden All-inclusive-Anlagen: des Club Bahía Príncipe *(www.bahia-principe. com)* im Westen und des Caribbean Village *(www.occidental-hoteles. com)* mit dem Championship-Golfplatz Playa Grande von Robert Trent Jones Senior *(www.golf-adventures.org)* im Osten.

von Nueva Isabela auf, dem heutigen Santo Domingo. *Tgl. 8–18 Uhr, Eintritt 50 Pesos*

LUPERÓN

[115 F1] Segler schätzen an Luperón (4000 Ew.) den geschützten, tiefen Hafen, Pauschalurlauber der All-inclusive-Hotels Luperón Beach Resort und Tropical Luperón Beach *(www.besthotels.es)* die Spaziernähe zum Ort und Individualtouristen die kleinen Pensionen im Umfeld mit dominikanischem Lokalkolorit.

SEHENSWERTES

Ruinas de La Isabela
★ Die Reste der ersten Siedlung von Christoph Kolumbus wurden zum *Parque Nacional Arqueológico-Histórico La Isabela* erklärt. Neben dem Museum mit Ausgrabungsfunden breitet sich die Ausgrabungsstätte aus. Von den Gebäuden der ersten Kolonialsiedlung Amerikas stehen allerdings fast nur noch die Grundmauern, sodass kaum mehr als die Umrisse zu erkennen sind. Dazu gehört der mit Holzkreuzen markierte alte Friedhof, in dessen Erde über 500 Skelette vermutet werden. Am 6. Januar 1494 wurde in der ersten Kolonialstadt Amerikas die erste Messe gelesen, am 24. April gab es den ersten Gemeinderat mit Bartolomé de Colón als Bürgermeister. Die Spanier meuterten jedoch bald gegen den Führungsanspruch der Kolumbussippe. Krankheiten, schlechte Versorgung und wachsende Spannungen mit den Taíno taten ein Übriges. Zwei Jahre später schon gab Kolumbus die Stadt zu Gunsten

ESSEN & TRINKEN

Captain Steve's Place
Jahrelang schipperte der Amerikaner Steve von den Key-West-Inseln Hochseeangler aufs Meer, um schließlich in Luperón endgültig vor Anker zu gehen. Ein kerniger Gastgeber in einem zünftigen Lokal mit Blick auf den Hafen und guter Küche. *Luperón 47, Tel. 452 36 12, tgl., €–€€*

La Yola Bar Restaurante
Beliebter Urlaubertreff, der einer deutschen Stewardess gehört. Gute Fischgerichte. *Calle 27 de Febrero, Tel. 571 85 11, tgl., €€*

La Isabela: Ruinen von Kolumbus' erster Stadtgründung in Amerika

La Casa del Sol
Die ideale Pension für einen unkomplizierten Individualurlaub: gepflegte Zimmer, gute Küche und nette Betreuung durch ein deutsch-dominikanisches Paar. *5 Zi., Calle 27 de Febrero, Tel./Fax 571 84 03, http://casasol.tripod.com,* €

Pequeño Mundo
Deutsch-dominikanisch geführtes Gästehaus mit Pool und luftiger Restaurantterrasse, von der der Blick weit über die Bahía Rucia schweift. *5 Zi., Carretera Las Américas, Tel. 264 35 11, Fax 571 80 52,* €

ZIEL IN DER UMGEBUNG

Montecristi   [114 C1]
Die rund 140 km lange Fahrt führt über Imbert und Navarrete (auch unter dem Namen Villa Bisonó bekannt) über die Autopista Duarte (A 1) Richtung Westen in die trockene Landschaft der Provinz Montecristi bis zur gleichnamigen Stadt (24 000 Ew.). Im Zentrum zeugen

nach dem Brand 2002 nur noch wenige alte viktorianische Häuser von vergangenem Wohlstand. Er stammt aus dem 19. Jh., als die Grenada Fruit Company im Umland große Bananenplantagen betrieb. Die Stadt wurde 1533 von dem Spanier Juan de Bolaños gegründet; er übernahm den Namen, den Kolumbus dem markanten Tafelberg im Rücken der Stadt gegeben hatte: Monte Christi (Berg Christi). Er heißt heute El Morro und trennt die urwüchsigen Mündungsgebiete des Río Massacre, Río Chacuey und Río Yaque del Norte im Südwesten an der Bucht von Manzanillo von der Bahía de Icaquito im Nordosten. Beide Gebiete bilden mit den vorgelagerten Cayos Siete Hermanos den Nationalpark Montecristi.

Hoteltipp: Das *Hostal San Fernando (20 Zi., Playa Juan de Bolaños, Tel. 964 02 48, Fax 964 02 50, www.montecristibay.com,* €*)* liegt hübsch in einen Garten gebettet mit Aussichtsrestaurant und Swimmingpool zwischen Yachthafen und El Morro.

Küste bei Montecristi: Im Nordwesten ist der Tourismus noch im Entstehen

Punta Rucia [115 E1]

Dem noch idyllischen Fischerdorf wird eine große Zukunft prophezeit: In der Nachbarschaft liegt der *Nationalpark Estero Hondo* mit Beobachtungsposten für Seekühe und Lehrpfad, und vorgelagert ist die paradiesische kleine Insel *Cayo Arena,* auch bekannt als *Cayo Paraíso. Cayo Paraíso Tours* nennt sich auch der Veranstalter, der als Erster Touren auf die Insel unternahm. Inzwischen hat er das Programm auf spannende Bootsausflüge auf den Spuren von Kolumbus erweitert; außerdem bietet er in Punta Rucia idyllischen Strandurlaub unter Palmen im kleinen Hotel *Cayo Paraíso Tours (2 Zi., Tel. 612 84 99, Büro in Puerto Plata Tel. 320 76 06, Fax 320 76 76, www.cayoparaiso.com, €)* an.

PUERTO PLATA

[116 B2] Erstbesucher erleben die größte Stadt (90 000 Ew.) an der Nordküste zunächst meist als lärmend, chaotisch und wenig attraktiv. Ein Spaziergang über die historische Calle Beller mit ihren schön verzierten karibischen Häuschen, ein Besuch des Parque Central oder eine Fahrt auf dem meerumbrandeten Malecón bis zur alten Piratenwehrburg, dem Fort San Felipe, stimmt dann versöhnlicher. Ein weiter Blick über die ganze Nordküste bietet sich vom Gipfel des Hausbergs Pico Isabel de Torres.

Ihre Blütezeit erlebte die 1495 gegründete Stadt, als die spanische Zollreglementierung wegfiel und Präsident Gregorio Luperón (1838 bis 1898) von Puerto Plata aus regierte. Aus dieser Zeit stammen u.

a. der zierliche Glorieta-Pavillon (1872) im Parque Central und der alte Bahnhof der Strecke Santiago–Puerto Plata beim Hafen. Der Strandurlaub findet an der südöstlich vorgelagerten Bernsteinküste (Costámbar) statt, wo sich mit dem Playa-Dorada-Komplex einer der ersten großen Ferienkomplexe im Land etablierte.

SEHENSWERTES

Fortaleza San Felipe

★ Das 1502 begonnene Fort diente hauptsächlich als Gefängnis. Im Innern ist ein kleines Militärmuseum untergebracht. Neben dem Fort wurde ein Gedenkstein für die Opfer des 1996 vor Puerto Plata abgestürzten Birgenair-Flugzeugs gesetzt. *Tgl. 9–17 Uhr, Eintritt 20 Pesos, Westende des Malecón*

Pico Isabel de Torres

★ ✵ Den 793 m hohen Hausberg von Puerto Plata erschließt eine Gondelbahn *(teleférico, Do–Di 8–17 Uhr, 200 Pesos, Av. Circunvalación).* Oben wurde nach dem Vorbild von Rio de Janeiro eine Christusfigur errichtet. Im Gipfelnaturpark kann man auf langen Wanderwegen seltene Pflanzen bewundern.

MUSEUM

Museo del Ámbar

Seit Jahrmillionen in fossiles Baumharz eingeschlossene Termiten, Ameisen, Blätter, Blumen oder Wurzeln, sogar Vogelfedern und Gliedmaßen eines Leguans können Sie in diesem Bernsteinmuseum bewundern. Das Museum ist in der prachtvollen ehemaligen Villa Bentz untergebracht. *Mo–Fr 9–18,*

Das Schmuckstück von Puerto Plata: der Pavillon im Zentralpark

Sa 9–17 Uhr, Eintritt 50 Pesos, Calle Emilio Prudhomme / Calle Duarte, www.ambermuseum.com

ESSEN & TRINKEN

Jardín Suizo
Treffpunkt vieler Residenten. Inhaber James ist Schweizer und versteht sich bestens auf Rösti oder Fondue (auf Vorbestellung). *Malecón 13 a, Tel. 586 95 64, So geschl., €€*

Papillon
Mit seinen hervorragenden Steaks und Langusten lockt der Deutsche Thomas Ackermann seit Jahren eine treue Gästeschar in sein uriges, palmengedecktes Lokal versteckt abseits der Straße von Cofresí. *Cofresí (Wegweiser an der Hauptstraße), Tel. 970 76 40, mittags und Mo geschl., www.le-papillon.de, €€*

Polanco
Kreolisch speisen in einer sehr schön restaurierten, über 100-jährigen Kaufmannsvilla mit hohen Türen zu herrlich luftigen Veranden. Gäste können hier auch kostenlos ins Internet. *Calle Beller 60, Tel. 586 91 74, tgl., € – €€*

Tam Tam
An der citynahen Bummelmeile des Malecón, geschmackvoll eingerichtet und gute italienische Küche. *Malecón 6, Tel. 970 09 03, Mo geschl., € – €€*

EINKAUFEN

Zigarren kauft man gut und günstig im *Cigar Discount* an der *Plaza Turisol* oder im Laden der Fabrik *Cuevas y Hermanos Fabricantes (Calle San Felipe 29)*. Wer vor dem Rumkauf eine Abfüllanlage besichtigen will, sollte die *Fábrica Brugal (Mo–Fr 8 bis 11.45 und 13.15–15.45 Uhr, www.brugal.com.do, Eintritt frei, Av. Luis Ginebra, schräg gegenüber Plaza Turisol)* besuchen. Die größte Auswahl an Boutiquen, Schmuck-

und Souvenirläden bietet die Plaza des Playa-Dorada-Komplexes am östlichen Ortsausgang.

Die meisten Ferienresorts liegen östlich der Stadt an der Playa Dorada, darunter zahlreiche Resorts der *Occidental-Hotelkette (www.occidental-hoteles.com)*, so das *Caribbean Village Club on the Green*, das *Playa Dorada*, *Jack Tar Puerto Plata* und *Grand Flamenco Beach Resort*. Zu den besten gehören das *Playa Naco Golf & Tennis Resort (www.naco.com.do)* und das *Gran Ventana (www.victoriahoteles.com)*. Neueren Datums sind das *Costa Dorada (www.iberostar.com)* und die *Fun Resorts Royale* und *Tropicale (www.funroyale-tropicale.com)*. Wie ein Villenvorort muten im Westen an der Playa Cofresí die *Funworld-Hacienda-Resorts* an *(www.hacienda-resorts.com)*. Fest in der Hand der *Riu-Gruppe (www.riu.com)* ist die noch weiter westlich gelegene Playa Maimón. Alle sind individuell nur zu überhöhten Preisen buchbar.

Portofino Guest House

Die zweckmäßig eingerichteten Zimmer bieten alles, was man braucht: Bad, Klimaanlage und sogar Kabel-TV. Ein bei Einheimischen beliebtes Restaurant liegt gleich nebenan, zum Long Beach am Malecón sind es fünf Minuten zu Fuß. *20 Zi., Calle Hermanas Mirabal 12, Tel. 586 28 58, Fax 586 50 50, €*

Sunshine

Ideal für Kurzbesucher: Parkplatz, Restaurant und 19 gepflegte Zimmer zu zivilen Preisen. *Av. Manolo Tavárez Justo 78 (Umgehungsstraße), Tel. 586 17 71, kein Fax, sun shinehotel@hotmail.com, €*

Hochseefischen

Eine perfekt ausgerüstete Flotte für Ausfahrten bei *Caribbean Marine (Playa Dorada Plaza, Tel. 320 22 49, Fax 970 74 49, Ausfahrt mit Führer 7.30–13.30 Uhr 55 Dollar)*.

Ocean World Adventure Park

Der Freizeitpark entführt in die Unterwasserwelt mit Stachelrochen, Haien, Delphinen und Seelöwen. Außerdem gibt es weiße Tiger und eine Regenwaldsektion mit Wasserfall, Amazonasfischen und Schlangen *Tgl. 8–18.30 Uhr, Eintritt je nach Show ab 57 Dollar, www.ocean-world.info, Playa Cofresí*

Playa-Dorada-Golfplatz

18-Loch-Platz (Par 72) von Robert Trent Jones. *Tel. 372 60 20, Fax 320 27 73, Greenfee 27,90 Dollar, www.golf-adventures.org*

Anziehungspunkte auch für die weitere Umgebung sind die Hoteldiskotheken im Playa-Dorada-Komplex wie das *Andromeda (tgl. 21 bis 4 oder 5 Uhr, Eintritt 50 Pesos)*.

Caribbean Bar Cafecito

Insider Tipp

Bar, Grill, Schnellimbiss, griechisch-französisches Restaurant mit großer Weinauswahl, lässiger Treff mit karibischem Flair und kleinem Garten: Das beliebte Lokal eines Kanadiers ist all das zusammen. *Av. Circunvalación, Tel. 586 79 23, www.cafecito.info, tgl., € – €€*

SOSÚA

[116 C2] 🏃 Kein anderes Ferienziel im Land bietet eine so abwechslungsreiche Ortsstruktur wie Sosúa (12 000 Ew.): Gassen zum Bummeln, Hotels und Restaurants auf Felsklippen oder mit Blick auf die schöne Strandbucht. Sie teilt den Ort in die Viertel Los Charamicos und El Batey, wobei sich der Tourismus überwiegend in El Batey ansiedelte und Los Charamicos noch dominikanisches Kleinstadtflair besitzt.

Gegründet wurde Sosúa erst in den Vierzigerjahren von naziverfolgten Juden aus Deutschland und Österreich. Sie kamen auf Initiative des Diktators Trujillo, der sich mit dieser Geste nach seinem Massenmord an etwa 28 000 Haitianern internationales Wohlwollen erkaufen wollte. 645 Siedler richteten sich nach und nach in ihrer neuen Heimat ein. Nach dem Krieg verließen viele das Land; geblieben sind die Synagoge und das *Museo de la Comunidad de Sosúa (Mo–Fr 9–13 und 14–16 Uhr, Eintritt 75 Pesos).*

ESSEN & TRINKEN

Insider Tipp Tanja's Pastry/Swiss Chalet
Eine Adresse, zwei Lokale: In *Tanja's Pastry (Di–Sa 8–18, So 10–13 Uhr)* gibt es köstliche hausgemachte Pralinen und Kuchen, im angegliederten Restaurant *Swiss Chalet (nur Fr- und Sa-Abend, €€–€€€)* Käsefondue und andere schweizerische Spezialitäten. Stets bürgt Tanja Baumeister für Spitzenqualität – schließlich arbeitete sie zuvor in Schweizer Gourmetrestaurants als Pâtissière. *Calle Pedro Clisante 66, Tel. 571 35 15*

On the Waterfront
Insider Tipp
Im Restaurant des guten alten Waterfront-Hotels speist man fast so hübsch in Logen wie im Piergiorgio, und manchen schmeckt es hier auch besser. *Calle Dr. Rosen 1, Tel. 571 30 24, tgl., www.hotelwaterfront.com, €€*

EINKAUFEN

Panadería Alemana Moser
Deutsche Bäckerei in der Siedlung Villa Ana María im Osten des Orts mit Imbiss und Garten. *Mo–Sa 7 bis 10 Uhr, Calle Ana María*

ÜBERNACHTEN

Amhsa Casa Marina Beach Resort
Das größte All-inclusive-Resort im Ort breitet sich östlich der Bucht an einem schönen Strand zwischen Felsen aus. *300 Zi., Calle Dr. Alejo Martínez/Calle David Stern, El Batey, Tel. 571 36 90, Fax 571 31 10, www.amhsamarina.com, €€€*

Guesthouse Felix Koch
Geräumige, gepflegte Zimmer mit Meerblick im Haus eines Sosúa-Gründers. Am Haupthaus erinnert noch das Schild »Lindenstraße« an seine alte Heimat Wien. *6 Zi., Calle Dr. Alejo Martínez 13, El Batey, Tel. 571 22 84, €*

Piergiorgio Palace
Marmor in der zum Meer hin offenen Lobby, kostbares Mobiliar – die gekonnte Inszenierung eines karibischen Traumschlosses. Zum Haus gehört das Restaurant *La Puntilla de Piergiorgio (tgl., €€€)* mit malerischen Logenplätzen auf der Klippe. *51 Zi., Calle La Puntilla, Tel.*

571 26 26, Fax 571 27 86, www. piergiorgiohotel.com, €€ – €€€

Sosúa Bay

Das familiäre Schwesterhotel des eleganten Victorian House grenzt direkt an die Bucht und teilt sich mit dem Victorian den Pool. *144 Zi., Calle Dr. Alejo Martínez 1, El Batey, Tel. 571 40 00, Fax 571 45 45, www.starzresorts.com, €€€*

Sosúa-by-the-Sea

Nach wie vor ein sehr beliebtes All-inclusive-Mittelklasseferienhotel im Osten des Orts, wo sich mehrere hoch gebaute Anlagen dieser Gattung drängen. *91 Zi., Calle B. Phillips, Tel. 571 32 22, Fax 571 30 20, www.sosuabythesea.com, €€*

Victorian House `Insider Tipp`

Strahlend weiß in viktorianischem Stil erbaut, gruppieren sich die Zimmerflügel des luxuriösen Hauses um seine Urzelle, das frühere Marco-Polo-Restaurant. *47 Zi. und Suiten,*

3 Penthäuser, Calle Dr. Alejo Martínez 1, El Batey, Tel. 571 40 00, Fax 571 45 45, www.starzresorts.com, €€€*

Eurodive H$_2$O

Solide, auch deutschsprachige IDD-/PADI-Tauchschule mit umfangreichem Ausflugs- und Schulungsangebot. *Calle Ayuntamiento 44, El Batey, Tel./Fax 571 10 93, www.eurodive.nl*

D'Clasico

Die neue Superdisko im Ort funkelt nachts von außen wie ein Jahrmarkt. Unten an der zur Straße offenen Bar hängt man zu Livemusik ab, oben wird dann gut gekühlt hinter Glas zu den heißesten Rhythmen getanzt. *Tgl. 22–6 Uhr, Eintritt am Wochenende 50 Pesos, sonst gratis, Calle Pedro Clisante 41*

Playa Sosúa: einst Bohemetreff, dann Hippieort, heute quirlige Ferienstadt

Kühle Wälder, stille Dörfer

Die Touren sind in der Karte auf dem hinteren Umschlag und im Reiseatlas ab Seite 114 grün markiert

1 MIT DEM AUTO ZU DEN HÖHEPUNKTEN DES HINTERLANDS

Kehren Sie der Küste bei Cabarete den Rücken, um zunächst in den Garten Eden des Landes einzutauchen: das fruchtbare Cibaotal. Über den Ballungsraum von La Vega gelangen Sie dann zum »Dach der Karibik«, zur Cordillera Central mit ihren Erdbeerfeldern auf Berghängen unterhalb der höchsten Gipfel der Antillen. Dort locken bei Jarabacoa Naturschutzparks mit erfrischender Kühle. Starten Sie für die insgesamt rund 90 km lange, gut ausgebaute Strecke am Vormittag, damit Sie vor Einbruch der Dunkelheit in Jarabacoa ankommen.

Sie verlassen *Cabarete (S. 73)* über den östlichen Ortsausgang Richtung Río San Juan und biegen in Sabaneta de Yásica rechts ab in die Carretera 21 Richtung Jamao al Norte und Moca. Schon umgeben Sie die hügeligen Ausläufer der Cordillera Septentrional. Vor Los Bra-

»Dach der Karibik«: die grünen Berghänge der Cordillera Central

zos passieren Sie die Zufahrt zum *Blue Moon Hotel (S. 76)*, überqueren den Río Yasica und kommen bald nach *La Cumbre*, wo Sie von den  Balkonen des *Caffetto (S. 76)* oder des benachbarten  *Rancho La Cumbre* schon einen Blick auf die Landschaft werfen können, die Sie auf dieser Route noch durchqueren werden: das weite Cibaotal mit den Städten Moca (deutlich am hohen Kirchturm erkennbar), rechts die Stadt Santiago und am Horizont die aufsteigende Zentralkordillere.

Danach geht es bergab hinunter ins Valle La Vega Real und ins Cibaotal: über letzte Hügel mit Bananen- und Yukkapflanzungen, vorbei an ländlichen Häusern in blühenden Gärten und immer wieder mit schönen Ausblicken in saftig grüne Täler mit vereinzelten Kokos- oder Königspalmen, bis die Stadt Moca erreicht ist. Bei der Durchfahrt Richtung La Vega folgen Sie der Beschilderung (Achtung: Der Wegweiser ist klein und leicht zu übersehen!). Die Kirche von Moca liegt dabei rechts im Zentrum.

Sie sind nun mitten in der dicht besiedelten Vega Real. Achten Sie auf der Weiterfahrt auf die kleinen blauen Ortsschilder: Ständig wechseln die Namen. In Pueblo Viejo langsam fahren und immer mal wieder in die rechts abzweigenden Schotterwege hineinschauen, damit Sie den Haupteingang zur Ruinenstätte von *La Vega Vieja (S. 70)* nicht verpassen. Es gibt ein Schild auf der rechten Seite, aber es zeigt in die andere Richtung. Auf jeden Fall sind Sie schon zu weit, wenn rechts ein Schild »Santo Cerro 1 km« anzeigt! Nehmen Sie sich genug Zeit (etwa eine Stunde) für den Besuch beider Ruinenfelder und danach der Kirche auf dem *Santo Cerro*. In der kleinen <mark>Cafeteria Paloma</mark> *(Mo–Fr 8–20, Sa 8–13 Uhr)* oben vor der Kirche gibt es neben Andenken auch kleine Snacks.

 Insider Tipp

Nach dem Besuch des Santo Cerro kehren Sie zur Landstraße 21 zurück und fahren rechts weiter Richtung La Vega. 2005 wurde die Straße bald wegen Bauarbeiten sehr schlecht, auch fehlte die Beschilderung. Achten Sie auf Überführungen, eine davon ist unverkennbar die Autopista Duarte nach Santo Domingo. Hier müssen Sie Richtung Süden hinauffahren und gleich danach die ausgeschilderte Abfahrt nach *Jarabacoa (S. 68)* nehmen. Nach etwa 20-minütiger Fahrt hinauf in den tiefgrünen Nadelwald haben Sie den Ort des ewigen Frühlings erreicht.

2 INNENWELTEN: VON SAMANÁ ZUR AUTOPISTA DUARTE

Lassen Sie sich vom Wirrwarr der Straßen nicht entmutigen, wenn Sie von Samaná zur Autopista Duarte nach Santo Domingo wollen oder umgekehrt! Fahren Sie getrost quer durch die Republik: Die Straßen sind besser als ihr Ruf. Außerdem passieren Sie eine reizvolle Landschaft vieler Flüsse, weiter Reisfelder und ausgedehnter Viehweiden großer Haciendas. Bis zur Autobahnauffahrt sind es 170 km, bis Santo Domingo dann noch 70 km. Für die ganze Strecke benötigen Sie ungefähr drei Stunden reine Fahrzeit.

Erst einmal müssen Sie durch Sánchez und über die stets vom Seewind gepeitschte Küstenstraße nach Nagua. Hier verlassen Sie die Küste, um quer durchs Land zur Autopista Duarte zu fahren. Achten Sie auf die kleinen blauen Schilder oben über den Straßenkreuzungen. Schon an der ersten weist eins mit der Aufschrift »Santo Domingo« links in Ihre Fahrtrichtung und hinaus aus der Stadt.

Es geht nun durch das fruchtbare Schwemmland zahlreicher Flüsse, zunächst des Río Nagua und des Río El Factor, über Castillo nach Pimentel, dem nächsten wichtigen Kreuzungspunkt. Fast die ganze Fahrt über begleiten Sie rechts und links weite, tiefgrüne Reisfelder. An der Ortsausfahrt von Pimentel achten Sie dann auf eine Abzweigung nach links (vor dem gelbblauen Gebäude von Caribe Tours) und nehmen hier die Straße 21 Richtung Cotuí (geradeaus gehts weiter nach San Francisco de Macorís).

Die Flussniederungen weichen nun weiten Weiden, Sie passieren Haciendas, und wenn die Asphaltdecke der Straße aufhört, sind Sie bald an der unbeschilderten, belebten Kreuzung mit der Fernfahrerkneipe *Albert's Pork-Cerdo-Comedor*. Hier geht es links nach Cotuí, vorbei an ein paar modernen Neu-

Nachahmung bei Überlandfahrten nicht empfohlen: Jugendliche auf Pick-up

bauten und über die Brücke beim *Balneario* am Río San Juan, wo am Wochenende viele Dominikaner mit ihren Familien zum Picknick und Bad kommen. Dann ist auch Betrieb im neuen *Centro Turístico* links gleich nach der Brücke.

Hungrige bekommen in Cotuí beim Zentralpark gute landestypische Küche oder Pizza in der *Pizzería El Mesón (Calle Sánchez 6, Tel. 585 29 54, tgl., €)*. Am Ende des Parks biegen Sie dann für die Weiterfahrt links ab, um aus Cotuí hinaus auf die wieder sehr gute Straße 17 zu gelangen. Nur wenige Kilometer nach Cotuí erinnert Pueblo Viejo daran, dass Cotuí wegen seiner Goldminen eine der ältesten Siedlungen im Land ist. Bis vor kurzem war hier noch die weltgrößte Tagebaugoldmine Rosario in Betrieb.

Über sanfte Hügel geht es weiter an Viehweiden, Reis- und Bananenfeldern vorbei durch die Orte La Cabirme, El Limpio, El Maricao, Las La-

Insider Tipp

gunas, Tocoa und Maimón direkt auf die Autobahn nach Santo Domingo.

3 ZU KROKODILEN UND TAÍNOSPUREN AM ENRIQUILLOSEE

Eine wilde Gegend erwartet Sie auf dieser »Ruta Enriquillo«: mit Krokodilen in einem tiefer als das Meer gelegenen See, mit steil aufragenden Gebirgen zu beiden Seiten und immer wieder mit schönen Panoramablicken. Die Tour beginnt und endet in Barahona (insgesamt rund 240 km) und ist mit dem Mietwagen als Tagesausflug zu bewältigen.

Ein Tipp vorab: Wer die Krokodilinsel Cabritos besuchen will, sollte entweder schon am Vorabend nach *La Descubierta* (gute Zimmer im *Iguana, S. 30*) fahren oder früh aufbrechen, denn die beste Zeit für den vierstündigen Ausflug ist der

Las Caritas, »Die Gesichtchen«: geheimnisvolle Felsgravuren aus der Taínozeit

Vormittag, außerdem starten die Boote nur zwischen 8 und 12 Uhr. Einzelreisende müssen vor Ort versuchen, sich einer Gruppe anzuschließen oder gut handeln können. Am liebsten legen die Bootsführer nur ab, wenn sie mindestens acht jeweils 800 Pesos zahlende Passagiere geladen haben.

In *Barahona (S. 28)* weist ein Schild von der Av. Enriquillo auf die »Ruta Enriquillo«. Es geht am Markt vorbei zu einem Kreisverkehr, wo Sie Richtung Cabral aus der Stadt herauskommen. In Neiba fahren Sie dann links Richtung La Descubierta. Den Ausgangspunkt der Touren zur *Isla Cabritos (S. 29)* haben Sie knapp 40 km hinter Neiba erreicht: ein großer Parkplatz zur Linken, etwa 1,5 km vor La Descubierta und fast unmittelbar hinter dem Berghang mit den sehenswerten Taínogravuren *Las Caritas (S. 30)*.

Die geheimnisvollen »Gesichtchen« sehen Sie sich am besten in Ruhe nach dem Bootstrip an. Dann ist auch Zeit für einen lokaltypischen Imbiss im nahen *La Descubierta*. Das einfache *Restaurant Brahman (Tel. 374 16 03, tgl., €)* passieren Sie bald nach der Ortseinfahrt. Es liegt auf der linken Seite hinter einem großen Parkplatz an einer Badestelle. Hier können Sie sich in einer Vitrine Ihr *almuerzo* (Mittagessen) aussuchen.

Frisch gestärkt beginnen Sie nun die Umrundung des Enriquillosees, zunächst zur Rechten flankiert vom Neibagebirge. Bald nach dem kleinen Ort Boca de Cachón in der Senke des Sees haben Sie schon den Grenzort *Jimani* erreicht, wo ein *Kleidermarkt* am Straßenrand die Nähe des bettelarmen Haiti spüren lässt.

Hier verlassen Sie die Nordseite des Sees und kommen über ein kurzes Stück Schotterstraße auf seine Südseite, jetzt flankiert von der rechts aufsteigenden Sierra de Bao- ruco. Die Route über Limón, Zurza

Insider Tipp

und Vengan a Ver (übersetzt: »Kommen Sie mal gucken!«) bietet sehr schöne Ausblicke auf den smaragdgrün schimmernden See, den Rest der ehemaligen Meerenge, die Baoruco in erdgeschichtlicher Vorzeit von Hispaniola trennte.

Nach den Orten San José und Duvergé haben Sie dann die Kreuzung nach Neiba wieder erreicht, wo Sie jetzt in Ruhe das *Heldendenkmal für den Taíno Enriquillo (S. 53)*, den ersten Guerillakämpfer Amerikas, fotografieren können. Wer Lust hat, kann nun auch noch in der Ortsmitte von Cabral rechts abbiegen und Richtung Polo hinauf zum *Polo Magnético* fahren, einer Stelle auf der Straße, der lange Zeit magnetische Kräfte nachgesagt wurden. Inzwischen weiß man, dass es sich bei den hier scheinbar von selbst den Berg hinaufrollenden Autos um eine optische Täuschung handelt. Der Ausflug lohnt vor allem wegen des phantastischen Blicks über die Enriquillosenke und das Naturreservat *Laguna Rincón (tgl. 8–18 Uhr, Eintritt 50 Pesos, Bootsfahrt möglich).* Für einen Besuch geht es wieder hinunter nach Cabral; die Parkzufahrt liegt etwa 500 m weiter (ausgeschildert). Zurück nach Barahona geht es auf der bekannten Strecke.

zu lernen. **Lohnend ist schon die etwa fünfstündige, rund 180 km lange Anfahrt von Cabarete nach Santa Bárbara de Samaná; für die Höhepunkte der Halbinsel sollten Sie sich dann mindestens zwei Tage reservieren.**

Sie verlassen *Cabarete (S. 73)* Richtung Osten. Die ersten 45 km bis Río San Juan sind noch relativ arm an landschaftlichen Höhepunkten. Wer früh am Morgen gestartet ist, kann in Río San Juan einen Bootsausflug in die *Laguna Grí-Grí (S. 76)* unternehmen. Bei Cabrera am Cabo Francés Viejo weisen Schilder zu einem der schönsten Hotels des Landes, dem *La Catalina Inn (32 Zi. und Apartments, Catalina de Cabrera, Tel. 589 77 00, Fax 589 75 50, www.lacatalina.com, €€):* Hübsche mediterrane Häuschen verteilen sich dort in einem blühenden Hang mit Pool – alle mit traumhaftem Fernblick aufs Meer.

Rund 20 km weiter ist die Mündung des *Río Boba* Auftakt einer traumhaften Strecke am Atlantik entlang: mit kleinen Fischerhütten unter Kokospalmen und Durchblicken auf das anbrandende Meer. Das schöne Bild wird kurz von der Küstenstadt *Nagua* unterbrochen.

Hinter der Nahtstelle zwischen Inselfestland und der Halbinsel Samaná folgen urige Fischlokale. Die Straße überquert die Samanáhalbinsel und erreicht in Sánchez die Samanábucht. Wer zuerst nach *Las Terrenas (S. 62)* möchte, kann hier nach der Tankstelle zur Überfahrt über den Bergrücken starten und dann von Las Terrenas weiter über El Portillo und El Limón bis Santa Bárbara fahren. Ohne diesen Abstecher erreichen Sie Santa Bárbara von Sánchez in rund 20 Min.

4 SCHÖNE AUSSICHTEN AUF DER HALBINSEL SAMANÁ

Ein Muss für alle Landschaftsgenießer: Wer an der Nordküste der Dominikanischen Republik urlaubt, sollte sich einen Ausflug zur Halbinsel Samaná gönnen, um die Zuckerseite des Landes kennen

Von Adventure bis Windsurfen

Die besten Plätze für Ihren Lieblingssport und die wichtigsten Adressen und Websites zum Vorabinformieren

So abwechslungsreich die Landschaft der Dominikanischen Republik, so vielfältig sind auch die Möglichkeiten, Sport zu treiben. Liebhaber des Golfspiels können unter rund zwei Dutzend unterschiedlichen Plätzen wählen. Wind- und Kitesurfer wissen, dass Cabarete im Norden zu den internationalen Topspots gehört. Und Tauchern bieten sich vor den Küsten nicht nur Wracks, Wälle und Unterwasserhöhlen als sportliche Herausforderung. Sie haben außerdem jedes Jahr von Ende Dezember bis März die Chance, Buckelwale unter Wasser zu beobachten. Aber auch die Voraussetzungen für viele andere Sportarten sind zum Teil ideal. Magnet für alle, die ausgefallene Sportarten wie Wasserfallklettern, Rafting oder Gipfeltrekking lieben, ist das Landesinnere mit reißenden Flüssen, Schluchten, steilen Felsen und dem höchsten Berg der Karibik. Und wenn Sie sich nicht mit Ihrer eigenen Ausrüstung beschweren wollen: Golfer, Taucher und Surfer können diese auch vor Ort leihen.

Río Yaque del Norte: Die Wildwasser der Flüsse in der Landesmitte sind wie gemacht fürs Rafting

ADVENTURE

Für Riverrafting, Canyoning und Steilwandklettern, geführte Mountainbike- und Gipfeltrekkingtrips oder Paragliding im Tandemflug sowie ausgefallene Spaßsportarten wie Quadrunning oder Tubing, bei denen man in kuriosen Gefährten durch Flüsse oder über Matschwege steuert, gibt es spezialisierte Veranstalter. In Cabarete hat sich *Iguana Mama (www.iguanamama.com)* mit Bike- und Hikeprogrammen einen Namen gemacht, außerdem mit *Cascading* (Wasserfallklettern) auf den 27 Wasserfällen von Damajagua in der Cordillera Septentrional. Topveranstalter für Birdwatching oder Cascading in Jarabacoa sind *Rancho Baiguate (www.ranchobaiguate.com)* und *Aventuras del Caribe (www.dr-canyon.com)* für Rafting, Canyoning und Kajaktouren. Mehr Angebote: *www.drpure.com*

Insider Tipp

ANGELN & TIEFSEEFISCHEN

Die Jagd auf Marline, Barrakudas, Haie, Thun- oder Schwertfische lohnt besonders vor der Nordküste. Die Angelfahrten sind Ganztages- oder Halbtagestrips. *Puerto Plata:*

Reiter und Surfer, Taucher und Jogger: An den endlosen Stränden kommen alle zu ihrem Recht

Caribbean Marine, Tel. 320 22 49; Bávaro: Marlin Fishing Center, Tel. 552 07 29

GOLF

Zu den Klassikern wie dem berühmten, von Pete Dye konzipierten 18-Loch-Golfplatz *The Teeth of the Dog* im Casa de Campo bei La Romana oder dem Meisterschaftsgolfplatz im Playa-Dorada-Komplex bei Puerto Plata kamen in den letzten Jahren ständig neue dazu: so der Championshipplatz von Playa Grande bei Río San Juan *(www.golfadventures.org)* und die Plätze des *Punta Cana Golf Club (www.punta cana.com/golf.htm)*, des *Guavaberry*

Golf & Country Clubs (www.guava berrygolf.com) bei Juan Dolio und des *Ocean Blue Golf & Beach Resort* in Punta Cana. Informationen in der Gratisbroschüre *Golfführer* vom dominikanischen Fremdenverkehrsamt (Tel. in D 069/91 39 78 78, Fax 28 34 30, www.golfguide-do.com).

KITESURFEN

Dank seiner konstanten und nicht zu starken ganzjährigen Winde gilt Cabarete als weltweit bestes Kitesurfrevier. Seit 2000 findet hier alljährlich der Cabarete Kiteboarding World Cup statt. Die erste Kitesurfschule eröffneten die Deutschen Markus Böhm und Stefan Rüther. Inzwischen gibt es in Cabarete einen extra Kitesurfstrand, Kitesurfhotels und weitere Schulen, so *Kite World (www.kiteworldcabarete.com)* und *Skyrider (www.myskyriders. com)*. Ein Grundkurs in der Kleingruppe kostet ab 199 Dollar, eine Einzelstunde inklusive Leihausrüstung ab 48 Dollar. Websites: *www. cabaretekiteboarding.com; www.ca bareteairforce.com*

Inside Tipp

REITEN

Springreiter mit hohen Ansprüchen sind im *Casa de Campo (www. casadcampo.com)* in La Romana richtig. Wer sich dort gleich mit einem Reitveranstalter einbuchen will, ist bei *Pegasus Reiterreisen (Tel. – aus Deutschland gebührenfrei – 080 05 05 18 01, www.reiter reisen.com)* richtig. Der Schweizer Veranstalter hat auch Reiterurlaub an der Costa Dorada bei Puerto Plata im Programm. Fast alle Hotels arbeiten außerdem mit örtlichen Reitställen zusammen, um ihren Gästen das Erlebnis von Ausritten zu Stränden oder in die Berge bieten zu können. Sehr schöne Ausflüge im Sattel kann man von Las Terrenas in die Umgebung der Halbinsel Samaná unternehmen oder vom Catalina Inn bei Cabrera an der Nordküste. Ein zweistündiger Ausflug kostet ab 35 Dollar.

TAUCHEN

Eines der vielseitigsten Tauchreviere des Landes ist *Cabrón* vor Las Galeras am östlichsten Zipfel der Halbinsel Samaná mit Kliffen, Riffen und Wällen von 5 bis 54 m Tiefe. Ähnlich abwechslungsreich ist das Revier des *Parque Nacional Submarino La Caleta* vor der Südküste in der Nähe der Hauptstadt (beste Unterwassersicht zwischen November und Januar). Etwas weiter östlich bei der Isla Catalina lockt ein steiler Unterwasserwall erfahrene Taucher. Ein exzellentes Revier für Anfänger sind die flachen Riffe an der Nordküste zwischen Costámbar und Cabarete. Vor Sosúa und etwas westlich finden Fortgeschrittene ihre Herausforderungen, zum Beispiel im Tunnelsystem La Pirámide. Bei Río San Juan im Nordosten sind besonders oft Delphine und Buckelwale zu beobachten. Die Costa de Coco bietet das längste Korallenriff des Landes – es misst mehr als 30 km und ist von Höhlen durchzogen. Im noch wenig touristischen Südwesten, an der Bahía de Ocoa, gibt es neben einer besonders üppigen submarinen Tier- und Pflanzenwelt auch ein gesunkenes Flugzeugwrack zu erforschen. Eine gute Übersicht über die Tauchschulen findet sich auf der Schweizer Website *www.domrep.ch*.

TENNIS

Alle größeren Hotels haben ihre eigenen (Flutlicht-)Plätze. Die wohl besten Bedingungen finden Sie im *Tenniscenter La Terraza* vom Casa de Campo *(www.casadcampo.com)* bei La Romana, das auch deutsche Veranstalter pauschal anbieten.

WASSERSKI & JETSKI & PARASAILING

Private Anbieter finden Sie am Strand des *Playa-Dorada-Komplexes* bei Puerto Plata, an der *Costa de Coco* sowie in *Boca Chica*.

WINDSURFEN

Die flache Bucht von Boca Chica ist ideal für Anfänger. Wer die typische Surferszene nicht missen will, sollte *Cabarete (www.cabaretewindsurfing.com)* ansteuern: 2 km breite, offene Bucht, Stehbereich von 5 m, kleine bis große Wellen bei mittags von Nordwesten mit vier bis sechs Beaufort einsetzendem Sideshorepassat. Vor allem im Winter, wenn die Wellen höher sind, tummeln sich hier Könner aus aller Welt. Für Anfänger gibt es dann in der Nähe eine Ausweichlagune mit spiegelglattem Wasser. Zu den besten Adressen gehört das *Fanatic Windsurf Center (Tel./Fax 571 08 61, www.fanatic-cabarete.com)*. *Happy-Surf (www.happy-surf.de)* in Deutschland bietet Surfurlaub in Cabarete an.

YACHTHÄFEN

Informationen für Segler gibt es in den Yachthäfen von Boca Chica, Santo Domingo, Montecristi und Haina beim jeweiligen Club Náutico.

Spaß für die ganze Familie

Grottenstarke Höhlen, echte Burgen, Haie, Delphine oder Riesenwasserrutschen: Für Abwechslung ist gesorgt

Freuen Sie sich auf ein Land, in dem Kinder überall gern gesehen sind und Sie mit Ihren Knirpsen schnell im Mittelpunkt des Interesses stehen. Kinder sind für die familienbewussten Dominikaner der Inbegriff eines sinnvoll gelebten Lebens. Allerdings sollten Sie vor der Anreise ein paar Dinge bedenken, zum Beispiel das ungewohnte tropische Klima. Sonnenbrand und Durchfall sind zu befürchten. Deshalb gehören ins Reisegepäck unbedingt Sonnencremes mit hohem Lichtschutzfaktor, Sunblocker, schützende Baumwollshirts und Käppis und – für ganz sensible Esser – eingeschweißte, verdauungsstabilisierende Kekse.

In der Dominikanischen Republik gibt es zahlreiche All-inclusive-Hotels mit Kinderclubs oder Kinderanimation, wo die Kleinen unter geschulter Anleitung malen oder basteln, gemeinsame Spiele machen oder Merengue tanzen lernen. Allerdings hinkt das Angebot der Shops in diesen Hotels oft der proklamierten Kinderfreundlichkeit

»Kinder gern gesehen« – das dominikanische Leitmotiv sorgt für fröhliche Kindergesichter

hinterher. Fast alle großen Häuser verfügen über einen Kinderpool. Vor Ort gilt dann: langsam an die Sonne gewöhnen und Hände weg von Eiscremes und mit Eis verdünnten Fruchtsäften, denn hier können sich Krankheitserreger verstecken.

SANTO DOMINGO

Acuario Nacional [123 F5]

Am Acrylglastunnel drücken sich die Kinder die Nasen platt, um den Haien so nah wie möglich zu sein. In beleuchteten Aquarien erstrahlen die Tropenfische in Neonfarben. Auch in den Bassins gibt es viel zu sehen, z. B. Schildkröten und Krokodile. *Di–So 9.30–17.30 Uhr, Eintritt 20 Pesos, Kinder 10 Pesos, Av. España*

Fortaleza Ozama [U F5]

Mit seinen vielen Stufen, engen Gängen und verschiedenen Plattformen mit Blick auf den Hafen ist vor allem die Torre de Homenaje ein wahrer Kletterturm – und dazu kann man Geschichten erzählen, zum Beispiel wie die Spanier hier nach Feinden ausspähten. *Mo–Sa 9–19, So 10–15 Uhr, Eintritt 20 Pesos, Kinder frei, Calle Las Damas/ Calle Padre Billini (Altstadt)*

Jardín Botánico und Parque Zoológico [121 F4–5]

Ein Weg, zwei Attraktionen. Und in beiden Parks sind auch Minieisenbahnen unterwegs – ein Spaß, auf den fast alle Kids abfahren. Im Zoo können sie Schlangen, Krokodile und viele Freigehege mit exotischen Tieren bestaunen und in die Vogelvolieren hineinspazieren. Eingang Botanischer Garten: in der Av. República de Colombia. Die Av. República de Argentina davor führt zum Zoo (im Kreisverkehr rechts und vor der Brücke links in die Av. Los Arroyos). *Beide Di–So 9–17 Uhr, Eintritt 40 Pesos, Kinder bis 12 Jahre 20 Pesos, Bahnfahrt 40 Pesos*

Insider Tipp — Museo Infantil Trampolín [U F5]

Ein simuliertes Erdbeben im Saal des Planeten Erde, selber Energie mit einem Fahrrad produzieren oder den Sternenhimmel im Saal des Universums studieren und an lebensgroßen Plastikmenschen die fünf Sinne, die Muskeln oder die Blutgefäße bestaunen: Nicht nur Kinder wird diese großartig aufbereitete Welt-der-Wunder-Schau faszinieren! Auch der Spaß kommt nicht zu kurz, etwa vor den Zerrspiegeln. *Di–Fr 9–18 Uhr, Eintritt 100 Pesos, Kinder 50 Pesos, Casa Rodrigo de Bastidas, Calle Las Damas*

Parque de los Tres Ojos [121 F5]

Die Floßfahrt auf dem unterirdischen See ist der Renner bei den Kids. Aber auch die geheimnisvoll beleuchteten Stalaktiten und Stalagmiten tun immer wieder ihre Wirkung in dieser grottenstarken, 16 m tiefen Höhle. *Tgl. 9–17.30 Uhr, Eintritt 20 Pesos, Kinder 10 Pesos, Parque Mirador del Este (Stadtausgang Richtung Flughafen)*

DER OSTEN

Manatí-Park Bávaro [125 E3]

Viele Shows mit Tieren, darunter Papageien, Seelöwen und Delphine, begeistern in diesem Freizeitpark die Kinder. Mit seiner artfeindlichen Delphinhaltung aber sorgte er schon für Boykottaufrufe von Tierschützern. Darüber sollte sich bewusst sein, wer diesen Park dennoch besuchen will. *Tgl. 9–18 Uhr, Eintritt 25 Dollar, Kinder 15 Dollar, www.manatipark.com*

Tapani Las Terrenas [123 D1] Insider Tipp

Basteln, toben, malen und spielen – in der kleinen Werkstatt für Urlaubskinder und die Kinder von Residenten aus Europa sorgen zwei Kindergärtnerinnen für Spaß und gute Laune bei den Kleinen, wenn die Eltern mal unter sich sein wollen. Die Werkstatt liegt in einem kleinen Garten mit Sandkasten und Rutsche. Das Mindestalter beträgt drei Jahre, Sprachkenntnisse sind egal; Gruppengröße: maximal 16 Kinder. *300 m nach der Kreuzung nach Cozón, Mobiltel. 899 52 64, www.tapani.info, Tagespreis 320 Pesos*

DIE MITTE

Salto Jimenoa [120 B1]

Wie Indiana Jones über eine schaukelnde Hängebrücke spazieren, die sich über einen reißenden Fluss spannt – dieses Erlebnis bietet nur der Salto Jimenoa. Den Kitzel erhöht der Anblick eines tosenden Wasserfalls und wagemutiger Kletterer in der Gischt (meist von 11 bis 12 Uhr). *Tgl. 8–18 Uhr, Eintritt 20 Pesos, etwa 8 km südlich von Jarabacoa (ausgeschildert)*

Badespaß am Strand von Las Terrenas auf der Halbinsel Samaná

DER NORDEN

Columbus Aqua Parque [116 B2]

14 coole Wasserrutschen verschiedener Größe und Geschwindigkeit, Spielgeräte, Restaurants und Imbissstände lassen keine Langeweile aufkommen. Am Wochenende kann es sehr voll werden. *Tgl. 10–18 Uhr, Eintritt 250 Pesos, Kinder 150 Pesos, Carretera Puerto Plata–Sosúa*

Fortaleza San Felipe [116 B2]

Eine echte Trutzburg gegen Piratenüberfälle! Dicke Mauern, dunkle Gewölbe, alte Kanonen und Schießscharten beflügeln hier nicht nur die kindliche Phantasie. Im Innern sind im Militärmuseum uralte Gewehre zu sehen. *Tgl. 9–16.45 Uhr, Eintritt 15 Pesos, Kinder frei, Puerto Plata, am Westende des Malecón*

Fun City Action Park [116 B2]

Die »Formel-1«-Rennbahn ist nicht nur bei den Kids beliebt. Zur Wahl stehen Grand-Prix-Bahn (die mit 450 m längste), Sprint 500 (ovale Strecke für Sprints) und Cyclone (die schnellste). Für jede gibt es passende Gokarts, dazu ein Kinderland mit »Bumpercars«. *Mo–Fr 10–19, Sa/So 10–22 Uhr, www.funcity-gocarts.com, All-inclusive-Eintritt 20 Dollar, Kinder 15 Dollar, Carretera Puerto Plata–Sosúa km 8*

Ocean World Adventure Park [116 B2]

Hier entzündet sich die Phantasie nicht nur der Kinder an einer kunstvollen Dschungellandschaft mit Wasserfall, Amazonasfischen und Schlangen oder am »Ozean« mit Haien, Delphinen und Seelöwen. *Tgl. 8–18.30 Uhr, Eintritt je nach Show ab 55 Dollar, Kinder ab 40 Dollar, www.oceanworld.net, Playa Cofresí*

Teleférico Puerto Plata [116 B2]

Wenn bei der Seilbahnfahrt auf den Pico Isabel de Torres Menschen und Häuser immer kleiner werden und sich die ganze Nordküste im Panoramablick zeigt, schweigen selbst die quirligsten Geister. *Do–Di 8–17 Uhr, 200 Pesos, Kinder 100 Pesos*

Angesagt!

Was Sie wissen sollten über Trends, die Szene und Kuriositäten in der Dominikanischen Republik

Reggaeton

Kaum hat die melancholische Bachata den quirligen Merengue verdrängt, da hebt das tanzwütige Jungvolk im Land schon wieder auf einen neuen Rhythmus ab: den Reggaeton – eine heftige Mischung aus Latinoschnulze, Hardrock und jamaikanischem Reggae, die ordentlich in die Magengrube geht. Wie die Bachata hat auch der Reggaeton schon seinen Siegeszug in die übrige Latinowelt angetreten.

Glücksbringer

Duftwässerchen, die Männer betören, oder Amulette, die gegen böse Geister schützen, finden seit eh und je reißenden Absatz bei den Dominikanern. Glücksbringer aller Art stehen im Alltag mindestens so hoch im Kurs wie das obligatorische Marienbildchen in der Brieftasche. Gottlob sieht die katholische Kirche das nicht so eng – sie müsste sonst jeden Zweiten im Land wegen seines Hangs zum Aberglauben zur Beichte bitten.

Baseball

Die meisten Jungs in den *bateys*, den ärmlichen Dörfern und Stadtvierteln, wollen nur das eine: Von den durchs Land ziehenden Talentsuchern der großen Baseballvereine im Land entdeckt werden und danach möglichst schnell Karriere machen, um in den USA einen Vertrag zu bekommen – und so groß rauszukommen wie ihre Vorbilder, die Dominikaner Pedro Martínez oder Sammy Sosa. Dafür trainieren sie jede freie Minute, und sei es auf dem Feld um die Ecke.

Weinseminare

Schluss mit der Rum-Trinkerei – immer mehr reiche Dominikaner besuchen fleißig Weinseminare, die ein Schweizer Exhotelier überall im Land anbietet. Soll die Alte Welt doch bloß nicht glauben, die Dominikaner hätten keine Kultur!

Party im PKW

Freitagnacht trifft sich in Santo Domingo alle Welt unterhalb der Altstadtmauer zur Autoparty. Man parkt in langen Reihen, dreht die Stereoanlage voll auf, lässt Presidente-Bier aus der Kühlbox kreisen und sich Fastfood ans Auto bringen. Das ist billiger als Disko und lustiger obendrein.

Von Anreise bis Zoll

Hier finden Sie kurz gefasst die wichtigsten Adressen und Informationen für Ihre Reise in die Dominikanische Republik

ANREISE & AUSREISE

Wer nicht pauschal gebucht hat, kann unter zahlreichen Fluggesellschaften wählen, deren Tickets oft zu günstigen Last-Minute-Tarifen verkauft werden. Santo Domingo fliegen z. B. Air France, Iberia, Martinair Holland oder Condor für Preise zwischen 500 und 800 Euro an. Wer via USA einreisen will, der benötigt für einen Zwischenstopp in den USA einen maschinenlesbaren Pass. Die Flughäfen der Ferienregionen (Punta Cana, Puerto Plata und La Romana) werden z. B. von LTU, Condor und Hapag Lloyd angesteuert. Flüge aus der Dominikanischen Republik, z. B. nach Puerto Rico, Caracas, Aruba, Curaçao oder New York, aber auch nach Europa sind aufgelistet auf der Website *www.do minicanrepublic.com/travel/airlines. php.* Die Flugzeit beträgt rund zehn Stunden. Individualreisende müssen bei der Einreise eine Touristenkarte für 10 Dollar erwerben; sie erlaubt seit 2004 nur noch einen Aufenthalt von 15 Tagen, bei einer Verlängerung bis zu 90 Tagen werden bei der Ausreise 150 Pesos fällig. Bei Pauschalreisen sind die Karte und gegebenenfalls auch die Verlängerungskosten bereits im Preis enthalten. Auf der Karte muss die Adresse eines ersten Hotels angegeben sein.

Taxis verlangen zwischen 25 und 30 Dollar für die Fahrt zum Hotel, z. B. in Santo Domingo. Auf dem Flughafen Las Américas bei Santo Domingo und Gregorio Luperón bei Puerto Plata können Sie auch ein Auto mieten. Bei der Ausreise werden für Individualreisende 20 Dollar fällig, und die Kopie der Touristenkarte muss wieder abgegeben werden.

AUSKUNFT VOR DER REISE

Auswärtiges Amt
Eine gute unabhängige Informationsquelle für viele Fragen vor der Reise in die Dominikanische Republik ist die Website des Auswärtigen Amts: *www.auswaertiges-amt.de.* Für Visafragen sind die Konsulate in Frankfurt, Hamburg und Stuttgart zuständig.

Fremdenverkehrsamt der Dominikanischen Republik
Kaiserstr. 13, 60311 Frankfurt, Tel. 069/91 39 78 79, Fax 28 34 30, www.dominicana.com.do

€	RD	RD	€
1	34	100	2,98
2	67	200	5,96
3	101	250	7,45
4	134	300	8,94
5	168	400	11,92
6	201	500	14,90
7	235	700	20,86
8	268	900	26,82
9	302	1250	37,25

Die Zentrale der *Secretaría de Estado de Turismo* hat ihren Sitz in der *Av. México/Calle 30 de Marzo (Gebäude D), Santo Domingo, República Dominicana, Tel. 001809/ 221 46 60, Fax 682 38 06;* da viele Zweigstellen in den einzelnen Städten eher administrativen Aufgaben dienen, sind in diesem Führer bei den Ortskapiteln nur vereinzelt Büros aufgeführt.

AUTO

Alle Schnellstraßen sind in gutem Zustand. Vierspurige Schnellstraßen *(autopistas)* erschließen das Land von Santo Domingo aus nach Norden, Westen und Osten, alle drei sind mautpflichtig (30 Pesos). Tankstellen gibt es im ganzen Land. Vor längeren Fahrten in dünn besiedelte Regionen sollte man jedoch stets vorher voll tanken. Erlaubt sind auf Schnellstraßen 100 km/h, auf Landstraßen 80 km/h. Auch wenn sich viele Dominikaner nicht darum kümmern und viel schneller oder aber sehr viel langsamer fahren, rechts und links überholen und in der Nacht nicht abblenden: Als Tourist ist es ratsam, sich an die Vorschriften zu halten, um Bekanntschaft mit der Polizei zu vermeiden. Vorsicht ist vor allem abends geboten: In der rasch einbrechenden Dunkelheit sind immer Menschen am Straßenrand unterwegs, und die Straßenbeleuchtung ist oft mangelhaft. Unbedingt besonders defensiv fahren, denn im Fall eines Verkehrsunfalls ist das Schlimmste zu befürchten: Die Polizei ist normalerweise schnell zugegen, aber Rettungsdienste kommen sehr spät, wenn überhaupt. Problematisch wird die Klärung der Schuldfrage, wenn ein Dominikaner zu Schaden kam. Sie kann Wochen dauern, eine Zeit, in der man das Land meist nicht verlassen darf. Und trotz gegenteiliger Beweise geht die Entscheidung dann am Ende auch häufig zu Ungunsten des ausländischen Fahrers aus.

BANKEN & KREDITKARTEN

Kreditkarten werden fast überall akzeptiert, zum Teil auch in Supermärkten, allerdings oft mit einem zehn- bis 15-prozentigen Aufschlag. In nahezu jeder Stadt gibt es außerdem Geldautomaten *(cajeros automáticos),* an denen Sie mit Visa- oder Mastercard-Kreditkarte bzw. ec-Karte mit Maestrozeichen Bargeld abheben können. Belastet werden dem Konto der Gegenwert in Euro zum Tageskurs plus die fälligen Prozente für den Auslandseinsatz, was jedoch meist günstiger ist als der Kauf von Dollars und deren Umtausch vor Ort. Die Automaten sind mit den Buchstaben ATH gekennzeichnet. Bei Verlust der Karte wählen Sie den rund um die Uhr besetzten deutschen *Sperrnotruf 0049/11 61 16*. Banken sind Mo bis Fr von 8.30 bis 15 Uhr, in Touristenzentren oft auch Sa von 8 bis 13, vor Feiertagen nur bis 12 Uhr geöffnet.

DIPLOMATISCHE VERTRETUNGEN

Deutsche Botschaft (Embajada de la República Federal de Alemania)

Edificio Torre Piantini Piso 16, Calle Gustavo Mejía Ricart, Ecke Av. Abraham Lincoln, Santo Domingo, Tel. 542 89 49, 542 89 50, Fax 542 89 55, www.santo-domingo.diplo.de

Honorarkonsulat Österreichs (Cónsul Honorario de Austria)

Calle General Román Franco Bidó 11, Ensanche Bella Vista, Santo Domingo, Tel. 508 07 09, Fax 532 56 03, cdo.austria@verizon.net.do

Generalkonsulat der Schweiz (Consulado General de Suiza)

Av. Jiménez Moya 71, Santo Domingo, Tel. 533 37 81, Fax 532 37 81

EINREISE

Für die Einreise benötigen Sie einen Reisepass, der noch mindestens drei Monate gültig sein muss. Kinder ab zehn Jahre benötigen einen Ausweis mit Lichtbild und ab 16 einen Reisepass.

FKK & OBEN OHNE

Nacktheit wie auch oben ohne verletzt das Schamgefühl der Dominikaner. Auch wenn sich in den abgeschlossenen Hotelarealen immer mehr Urlauberinnen darüber hinwegsetzen, sollte die emanzipierte Frau Respekt vor anderen Sitten zeigen.

FOTOGRAFIEREN

Filme bringt man besser mit, nicht wegen des Preises, sondern wegen oft schlechter Lagerung. Grundsätzlich gibt es aber an fast jeder Ecke Fuji- und Kodak-Papierfilme und Batterien sowieso. Speicherkarten sind nicht immer überall vorrätig – sicherheitshalber bringt man einen ausreichenden Vorrat mit.

GESUNDHEIT

Impfungen sind für die Dominikanische Republik offiziell nicht erforderlich. Tropenärzte empfehlen jedoch einen Schutz gegen Hepatitis A und Typhus, außerdem – falls notwendig – eine Auffrischung der in Deutschland üblichen Impfungen (Polio, Tetanus, Diphtherie, bei Langzeitaufenthalten auch Hepatitis B). Die Malariagefahr galt lange als eingedämmt, aber 2004 traten im Südosten vereinzelte Fälle auf. Das Auswärtige Amt empfiehlt deshalb allen, die sich in Feuchtgebiete wie den Nationalpark Los Haïtises begeben wollen, eine entsprechende Prophylaxe nach ärztlicher Beratung. Erhöhte Gefahren bestehen durch das starke Verbreitung von Aids und durch das vor allem nach Regenfällen landesweit vorkommende, von Mücken übertragene Denguefieber (kurze fieberhafte Erkrankung mit starken Muskel- und Gelenkschmerzen). Unangenehm kann auch die Fischvergiftung Ciguatera werden. Ausgelöst wird sie von einem Gift, das von auf Algen lebenden Geißeltierchen produziert wird. In einer für den Menschen gefährlichen Konzentration kommt es nur in größeren Raubfischen wie Barrakudas, Schnappern oder Makrelen vor. Die Symptome treten drei bis sechs Stunden nach dem Verzehr eines vergifteten Fisches auf: krampfartige Bauchschmerzen, Erbrechen, Durchfall, Kribbeln an Füßen oder/und Händen und Kältegefühl in der Hitze oder umgekehrt. Dann sollte sofort ein Arzt aufgesucht werden. Besser: von vornherein nur kleine Fische essen! Darminfektionen beugen Sie vor, indem Sie nur in Flaschen abgefülltes Wasser trinken und alle mit Wasser hergestellten oder gewaschenen Speisen (Salate, Eis) sowie solche von billigen Straßenrestaurants und Märkten meiden. Auf jeden Fall ratsam ist eine Auslandskrankenversicherung mit Rückholversicherung.

INLANDSFLÜGE

Bei genügend Passagieren fliegt die dominikanische Fluggesellschaft *Caribair (Büros in Santo Domingo und Santiago, Tel. 542 66 88, www. caribair.com.do)* die Flughäfen in Pedernales (Cabo Rojo), Constanza, Dajabón, Punta Cana und Santo Domingo an. Das von einem Deutschen geleitete Unternehmen *Take-off (Plaza Brisas, Bávaro, Tel. 552 13 33, Fax 552 11 13, www. takeoffweb.com)* hat den Flughafen in Bávaro-Punta Cana als Drehkreuz. 48 Flüge wöchentlich stehen auf dem Programm, die Destinationen sind Santo Domingo, Puerto Plata und Samaná. Die Strecke Punta Cana–Samaná kostet 80 Dollar.

INTERNET

Im Internet kann man sich auf folgenden Websites über die Dominikanische Republik informieren: *www.dominicana.com.do* (Tourismusministerium); *www.provincias dominicanas.org* (die Provinzen); *www.dominicanrepublic.com* (Portal für Urlaub und Business mit virtueller Tour durch die Dominikanische Republik); *www.domvista.com. do* oder *www.domrep-magazin.de* (Nachrichten und Anzeigen); *www. domrep.ch* (Infoplattform mit Anzeigen); *www.drpure.com* (Abenteuerurlaub); *www.hispaniola.com* (u. a. über Cabarete); *www.sdq.com* (Hotelvereinigung Santo Domingo); *www.bocachicabeach.net* (Boca Chica); *www.samana.com* (Suchmaschine Samaná); *www.the-samana-page.com* (Reiseinfos Samaná); *www.samana.org.do* (Walbeobachtung, CEBSE); *www.puertoplata guide.com* (Infos für die Nordküste); *www.drjazzfestival.com* (Jazzfestival) *www.zeitpunktsosua.com* (u. a. Infos für Residenten); *www. ceiba.gov.do* (Website des dominikanischen Ministeriums für Umwelt- und Naturschutz)

INTERNETCAFÉS

In vielen Verizon-Telefonbüros wird auch ein Internetservice angeboten. Dort zahlt man für eine halbe Stunde Surfen 30 Pesos, für eine Stunde 45 Pesos. Allerdings stehen immer nur wenige Terminals zur Verfügung. Eine Auswahl:
– *Bávaro: tropicall, Plaza Punta Cana, Tel. 552 12 29*
– *Jarabacoa: Centro de Copiado y Papelería, Calle Duarte 53/Calle Independencia, Tel. 574 29 02*

– Puerto Plata: Internet-Center Flash, Plaza Playa Dorada, Tel. 320 24 11
– Santo Domingo: B27.com/Servir, Calle El Conde, Ecke Calle José Reyes, Tel. 687 56 02

KLIMA & REISEZEIT

Richtig kühl wird es nie, obwohl die Dominikaner die regen- und windintensivere Zeit im Sommerhalbjahr nachts als »frisch« empfinden. Die Schauer dieser »Regenzeit« sind zwar meist kurz, doch kann der Himmel vor allem im niederschlagsreicheren Norden des Landes schon mal ein paar Tage bewölkt sein. Das ganze Jahr über weht ein stabiler Nordostpassat. Die durchschnittliche Tagestemperatur beträgt knapp 30 Grad, die Luftfeuchtigkeit etwa 50 Prozent; das Wasser hat auf der Karibikseite eine Durchschnittstemperatur von 27 Grad, an der Atlantikseite ist es etwas kühler.

MIETFAHRZEUGE

Günstig ist es, einen Mietwagen bereits vor Abreise zu bestellen, z. B. per Internet, etwa unter www.marcopolo.de. Der bestellte Wagentyp steht dann bei Ankunft je nach Wunsch am Flughafen von Santo Domingo, La Romana, Punta Cana oder Puerto Plata bereit. Mietwagenverleihe gibt es außerdem in allen Ferienorten. Pro Tag kostet ein Leihauto mindestens 30 Euro (unbegrenzte Kilometer) plus etwa 12 Euro Versicherung. Das Mindestalter für den Verleih ist 25 Jahre, als Fahrlizenz genügt der nationale Führerschein. Bezahlt wird mit Kreditkarte. Wer ein Motorrad mieten will, sollte wissen, dass diese oft ge-

www.marcopolo.de

Im Internet auf Reisen gehen

Mit über 10 000 Tipps zu der beliebtesten Reisezielen ist MARCO POLO auch im Internet vertreten. Sie wollen nach Paris, auf die Kanaren oder ins australische Outback? Per Mausklick erfahren Sie unter www.marcopolo.de Wissenswertes über Ihr Reiseziel. Zusätzlich zu den Informationen aus den Reiseführern bieten wir Ihnen online:

- das *Reise Journal* mit aktuellen News, Artikeln, Reportagen
- den *Reise Service* mit Routenplaner, Währungsrechner und Compact Guides
- den *Reise Markt* mit Angeboten unserer Partner rund um das Thema Urlaub

Es lohnt sich vorbeizuschauen: Wöchentlich aktualisiert, gibt es immer wieder Neues zu entdecken. Bleiben Sie auf dem Laufenden mit unserem E-Mail-Newsletter, den Sie kostenlos abonnieren können!

stohlen werden und der Mieter nach dem üblichen Mietvertrag verpflichtet ist, den Wert des Motorrades (etwa 2000–3000 US$) zu ersetzen. Bei Nichtbezahlung droht die Festnahme.

NATIONALPARKS

Fast ein Viertel des Landes besteht aus geschützten Gebieten, darunter zahlreiche Nationalparks. Alle kosten 50 Pesos Eintritt und dürfen nur mit Führer betreten werden. In Zusammenarbeit mit dem Deutschen Entwicklungsdienst wurden dort zum Teil neue Wanderwege angelegt, z. B. im Nationalpark Los Haïtises. Mehr Informationen auf der Website des *Secretaría de Estado de Medio Ambiente y Recursos Naturales www.ceiba.gov.do.*

NOTRUF & NOTARZT

Notruf landesweit: 911
Außerdem bietet die Touristenpolizei einen gebührenfreien Notrufdienst unter *Tel. 12 00 35 00* (von überall). Deutschsprachige Ärzte vermittelt die deutsche Botschaft.

ÖFFENTLICHE VERKEHRSMITTEL

Nahverkehrsbusse *(guaguas)* sind oft klapprig und überfüllt. Sie halten meist an zentralen Parks. Wer sie benutzen will, sollte mit den Einheimischen einigermaßen vertraut sein. Sinnvoll ist es auch, sich bei den Mitreisenden vorab über den Fahrpreis zu erkundigen; immer häufiger werden von Touristen höhere Preise verlangt.

Große Strecken aber kann jeder bequem mit den klimatisierten Fernbussen der Gesellschaften *Caribe Tours (Santo Domingo, Av. 27 de Febrero, Ecke Navarro, Tel. 221 44 22, www.caribetours.com.do)* oder *Metro (Santo Domingo, Calle Hatuey, Ecke Av. Winston Churchill, Tel. 566 71 26)* zurücklegen. Sie betreiben in fast allen Städten regelrechte Bahnhöfe mit Kartenverkauf (nur Sitzplätze) und Gates für die jeweiligen Abfahrten. Die Strecke von Santo Domingo nach Santiago z. B. kostet bei Caribe Tours 150 Pesos. Überlandbusse und *guaguas* verkehren nur zwischen 6 und 20 Uhr.

POST

Die Postämter sind Mo–Fr von 8.30 bis 17, Sa bis 12 Uhr geöffnet. Briefmarken kosten für einen Luftpostleichtbrief oder eine Postkarte 25 Pesos, Briefe je nach Gewicht ab 30 Pesos. Nach Europa ist Ihre Urlaubspost mindestens zwei Wochen unterwegs.

PREISE & WÄHRUNG

Die Währung im Land ist der Dominikanische Peso (RD$). Euro kann man vor Ort in jeder Bank oder Wechselstube *(casa de cambio)* in RD$ oder US-Dollar tauschen, auch gleich am Flughafen. Die meisten internationalen Hotel-, Mietwagen- oder Ausflugsunternehmen und auch die Taxifahrer an den Flughäfen berechnen ihre Leistungen in US-Dollar. Für Europäer ist die Dominikanische Republik dank des starken Euro immer noch ein günstiges Reiseland. Ob Sie hohe oder niedrige Nebenkosten haben, hängt in erster Linie davon ab, wo Sie einkaufen – je touristischer eine Region, umso teurer (und dann fast ebenso teuer wie in Deutschland). Auch das Land kassiert gern bei Ausländern ab: Bei Eintrittsgeldern werden sie mit höheren Preisen als Einheimische zur Kasse gebeten.

SICHERHEIT

In touristischen Zentren und in der Nähe einsam gelegener Sehenswürdigkeiten haben Diebstähle, zum Teil auch bewaffnete, gegenüber Touristen zugenommen. Daneben gibt es in den Großstädten eine Elendskriminalität. Im Großen und Ganzen aber begegnet man in der Dominikanischen Republik sehr hilfsbereiten und freundlichen Menschen.

STROM

Die Netzspannung beträgt 110 Volt. Für Steckdosen braucht man amerikanische Stecker.

TAXI

Taxifahren ist relativ teuer, pro gefahrenen Kilometer zahlen Sie ungefähr 1 Euro. Für Fahrten vom Flughafen gelten feste Tarife – fragen Sie sicherheitshalber bei verschiedenen Taxifahrern nach dem üblichen Preis. Fast überall werden 30 bis 35 Dollar verlangt.

TELEFON & HANDY

Das dichteste Netz an öffentlichen Telefonbüros betreibt die Gesellschaft Verizon. Eine Minute nach Europa kostet dort 21 Pesos, das sind umgerechnet kaum mehr 60 Cent. Hier sind auch die Verizon-Telefonkarten für öffentliche Kartentelefone erhältlich. Noch preis-

Was kostet wie viel?

Taxi	**1 Euro** pro gefahrenen Kilometer
Kaffee	**0,85–1,20 Euro** für eine Tasse Espresso
Cocktail	**1,50 Euro** für einen *coco-loco* im Hotel
Imbiss	**3,80 Euro** für ein Sandwich mit Huhn
Benzin	**0,28 Euro** für einen Liter Super
Rafting	**60 Euro** für einen ganztägigen Abenteuertrip

werter, zum Teil für umgerechnet 47 Cent pro Minute, können Sie in privaten Internet- und Telefonbüros telefonieren, die es meist in den kleinen Einkaufszentren in der Nähe von Hotels gibt.

Handys schalten sich in der Dominikanischen Republik automatisch auf den Roamingpartner Orange um. Gespräche mit dem Handy nach Deutschland kosten pro Minute um 1 Euro. Wer ein Tribandhandy besitzt, kann es für rund 350 Pesos mit einer Simkarte des Anbieters Orange ausrüsten: Man erhält dann eine Nummer, die nur in der Dominikanischen Republik gilt. Für den Einsatz benötigt man außerdem noch eine Telefonkarte – dann sind günstige Telefonate nach Europa und umgekehrt möglich.

Auslandsgespräche: Vorwahl 011 und danach die Landeskennnummer, also 49 für Deutschland (Österreich 43, Schweiz 41) und die Ortskennzahl ohne Null. Vorwahl aus Deutschland, Österreich und der Schweiz in die Dominikanische Republik: 001809. Für Inlandsgespräche gibt es ein paar Neuerungen: Bei Festnetztelefonaten von einer Stadt in die andere muss nun 1809 vor der Teilnehmernummer gewählt werden. Das gilt auch für Anrufe vom Festnetz an ein dominikanisches Mobiltelefon und umgekehrt. Für Telefonate von Mobiltelefon zu Mobiltelefon wählt man 809 vor der Teilnehmernummer.

Bevor man sich in einem Restaurant für ein Trinkgeld entscheidet, sollte man die Rechnung daraufhin prüfen, ob sie nicht schon den üblichen zehnprozentigen Servicezuschlag zur ebenfalls üblichen 16-prozentigen Steuer enthält. Ansons-ten sind rund zehn Prozent Trinkgeld üblich. Kofferträger erwarten pro Gepäckstück mindestens 1 Dollar; die Gunst des Zimmermädchens sichert man sich bei längerem Hotelaufenthalt mit einem persönlich überreichten Voraustrinkgeld (20 bis 30 Pesos pro Woche).

ZEIT

Die Differenz zu Mitteleuropa beträgt im Winter MEZ minus fünf Stunden, während der europäischen Sommerzeit minus sechs Stunden.

ZOLL

Zollfrei bei Wiedereinreise in die EU sind u. a. 100 Zigarillos oder 50 Zigarren, 1 l Rum und Geschenke bis zu einem Wert von 175 Euro. *www.zoll-d.de*

Wetter in Santo Domingo

	Jan.	Feb.	März	April	Mai	Juni	Juli	Aug.	Sept.	Okt.	Nov.	Dez.
Tagestemperaturen in °C	28	28	29	29	30	30	31	31	31	31	30	29
Nachttemperaturen in °C	20	19	20	21	22	23	23	23	23	23	22	21
Sonnenschein Std./Tag	6	6	7	6	6	7	7	7	7	7	6	6
Niederschlag Tage/Monat	7	6	5	7	11	12	11	11	11	11	10	8
Wassertemperaturen in °C	27	26	26	27	27	27	28	28	28	28	27	27

¿Hablas español?

»Sprichst du Spanisch?«
Dieser Sprachführer hilft Ihnen, die wichtigsten
Wörter und Sätze auf Spanisch zu sagen

Zur Erleichterung der Aussprache:

c	vor »e, i« stimmloser Lispellaut, stärker als engl. »th«. Bsp.: gracias
ch	stimmloses deutsches »tsch« wie in »tschüss«
g	vor »e, i« wie deutsches »ch« in »Bach«
gue, gui/que, qui	das »u« ist immer stumm, wie deutsches »g«/»k«
j	immer wie deutsches »ch« in »Bach«
ll, y	wie deutsches »j« zwischen Vokalen. Bsp.: Mallorca
ñ	wie »gn« in »Champagner«

AUF EINEN BLICK

Ja./Nein.	Sí./No.
Vielleicht.	Quizás./Tal vez.
In Ordnung!/Einverstanden!	¡De acuerdo!/¡Está bien!
Bitte./Danke.	Por favor./Gracias.
Vielen Dank.	Muchas gracias.
Gern geschehen.	De nada.
Entschuldigung!	¡Perdón!
Wie bitte?	¿Cómo (dice/dices)?
Ich verstehe Sie/dich nicht.	No le/la/te entiendo.
Ich spreche nur wenig Spanisch.	Hablo sólo un poco de español.
Können Sie mir bitte helfen?	¿Puede usted ayudarme, por favor?
Ich möchte/würde gerne …	Quiero …/Quisiera …
Das gefällt mir (nicht).	(No) me gusta.
Haben Sie …?	¿Tiene usted …?
Wie viel kostet es?	¿Cuánto cuesta?
Wie viel Uhr ist es?	¿Qué hora es?

KENNENLERNEN

Guten Morgen/Tag!	¡Buenos días!
Guten Tag!	¡Buenas tardes! *(nachmittags)*
Guten Abend!	¡Buenas tardes!
Gute Nacht!	¡Buenas noches!

Hallo! Wie geht's?	¡Hola! ¿Qué tal?
Ich heiße ...	Me llamo ...
Ich komme aus ...	Soy de ...
Wie ist Ihr Name, bitte?	¿Cómo se llama usted, por favor?
Wie geht es Ihnen/dir?	¿Cómo está usted?/¿Qué tal?
Danke. Und Ihnen/dir?	Bien, gracias. ¿Y usted/tú?
Auf Wiedersehen!	¡Hasta luego!/¡Adiós!
Tschüss!	¡Adiós!
Bis bald!/Bis später!	¡Hasta pronto!/¡Hasta luego!
Bis morgen!	¡Hasta mañana!

UNTERWEGS

Auskunft

links/rechts	a la izquierda/a la derecha
geradeaus	derecho
nah/weit	cerca/lejos
Wie weit ist das?	¿A qué distancia está?
Ich möchte ... mieten.	Quiero alquilar ...
... ein Auto	... un carro.
... ein Boot	... una barca/un bote/ un barco.
Bitte, wo ist ...?	Perdón, ¿dónde está ...?
... der Bahnhof	... la estación (de trenes)
... der Busbahnhof	... la estación de autobuses/el terminal
... der Hafen	... el puerto
... der Flughafen	... el aeropuerto
Zum ... Hotel.	Al hotel ...

Tankstelle

Wo ist bitte die nächste Tankstelle?	¿Dónde está la estación de gasolina/ la gasolinera más cercana, por favor?
Ich möchte ... Liter ...	Quiero ... litros de ...
... Normalbenzin.	... gasolina normal.
... Super./... Diesel.	... súper./... diesel.
... Bleifrei/... Verbleit.	... sin plomo./... con plomo.
... mit ... Oktan.	... de ... octanos.
Voll tanken, bitte.	Lleno, por favor.

Unfall

Hilfe!	¡Ayuda!/¡Socorro!
Achtung!	¡Atención!
Rufen Sie bitte schnell ...	Por favor, llame enseguida ...
... einen Krankenwagen.	... una ambulancia.
... die Polizei.	... a la policía.
... die Feuerwehr.	... a los bomberos.

Es war meine Schuld.	Ha sido por mi culpa.
Es war Ihre Schuld.	Ha sido por su culpa.
Geben Sie mir bitte Ihren Namen und Ihre Anschrift.	¡Por favor, déme su nombre y dirección!

ESSEN/EINKAUFEN

Wo gibt es hier …	¿Dónde hay por aquí cerca …
… ein gutes Restaurant?	… un buen restaurante?
… ein nicht zu teures Restaurant?	… un restaurante no demasiado caro?
Auf Ihr Wohl!	¡Salud!
Bezahlen, bitte.	¡La cuenta, por favor!
Reservieren Sie uns bitte für heute Abend einen Tisch für vier Personen.	¡Por favor, resérvenos para esta noche una mesa para cuatro personas!
Die Speisekarte, bitte.	¡El menú, por favor!
Ich nehme …	Quisiera …/Tráigame …
… einen Espresso	… un café solo
… einen Milchkaffee	… un café con leche
… einen Tee	… un té
… mit Zucker/Milch/Zitrone	… con azúcar/leche/limón
… einen (Orangen-)Saft	… un jugo (de naranja)
… ein Bier	… una cerveza
… ein Mineralwasser	… un agua mineral
… mit/ohne Kohlensäure	… con/sin gas
… mit/ohne Eis	… con/sin hielo
… einen Weißwein	… un vino blanco
… einen Rotwein	… un vino tinto
Frühstück	desayuno
Mittagessen	almuerzo
Abendessen	cena
Fisch	pescado
Fleisch	carne
Geflügel	aves
Salat	ensalada
Suppe	sopa
Dessert	postre
vegetarisch	vegetariano
Messer	cuchillo
Gabel	tenedor
Löffel	cuchara
Wo finde ich …?	Por favor, ¿dónde hay …?
… eine Apotheke	… una farmacia
… eine Bäckerei	… una panadería
… ein Lebensmittelgeschäft	… un almacén
… den Markt	… el mercado

ÜBERNACHTUNG

Entschuldigung, können Sie mir bitte ... empfehlen?	Perdón, señor/señora/señorita. ¿Podría usted recomendarme ...?
... ein Hotel	... un hotel
... eine Pension	... una pensión
Ich habe ein Zimmer reserviert.	He reservado una habitación.
Haben Sie noch ...	¿Tienen ustedes ...
... ein Einzelzimmer?	... una habitación individual?
... ein Zweibettzimmer?	... una habitación doble?
... mit Dusche/Bad?	... con ducha/baño?
... für eine Nacht?	... para una noche?
... für eine Woche?	... para una semana?
Was kostet das Zimmer mit ...?	¿Cuánto cuesta la habitación con ...?
... Frühstück	... desayuno
... Halbpension	... media pensión

PRAKTISCHE INFORMATIONEN

Arzt

Können Sie mir einen guten Arzt empfehlen?	¿Puede usted recomendarme un buen médico?
Ich habe ...	Tengo ...
... Durchfall.	... diarrea.
... Fieber.	... fiebre.
... Kopfschmerzen.	... dolor de cabeza.
... Zahnschmerzen.	... dolor de muelas.

Bank

Wo ist hier bitte ...	Por favor, ¿dónde hay por aquí ...
... eine Bank/... eine Wechselstube?	... un banco?/una oficina de cambio?
Ich möchte ... Euro in Pesos wechseln.	Quiero cambiar ... euros en pesos.

ZAHLEN

1	un, uno, una	10	diez	20	veinte
2	dos	11	once	21	veintiuno, -a, veintiún
3	tres	12	doce		
4	cuatro	13	trece	50	cincuenta
5	cinco	14	catorce	100	cien, ciento
6	seis	15	quince		
7	siete	16	dieciséis	1000	mil
8	ocho	17	diecisiete	10 000	diez mil
9	nueve	18	dieciocho	1/2	medio
		19	diecinueve	1/4	un cuarto

Reiseatlas Dominikanische Republik

Die Seiteneinteilung für den Reiseatlas finden Sie auf dem hinteren Umschlag dieses Reiseführers

Mit freundlicher Unterstützung von

kein urlaub ohne

holiday autos

www.holidayautos.com

Autobahn mit Anschlussstelle
Motorway with junction

Autobahn in Bau
Motorway under construction

Autobahn in Planung
Motorway projected

Autobahnähnliche Schnell-
straße mit Anschlussstelle
Dual carriage-way with
motorway characteristics
with junction

Straße mit zwei
getrennten Fahrbahnen
Dual carriage-way

Durchgangsstraße
Thoroughfare

Wichtige Hauptstraße
Important main road

Hauptstraße
Main road

Sonstige Straße
Other road

Fahrweg
Carriage-way

Karrenweg, Fußweg
Track, footpath

Fernverkehrsbahn
Main line railway

Bergbahn
Mountain railway

Autotransport
per Bahn
Transport of cars
by railway

Autofähre
Car ferry

Schifffahrtslinie
Shipping route

Landschaftlich besonders
schöne Strecke
Route with
beautiful scenery

Touristenstraße
Tourist route

Straße gegen Gebühr befahrbar
Toll road

Straße für Kraftfahrzeuge
gesperrt
Road closed
to motor traffic

Zeitlich geregelter Verkehr
Temporal regulated traffic

Bedeutende Steigungen
Important gradients

Kultur
Culture

★★ **PARIS**
★★ *la Alhambra*

★ **TRENTO**
★ *Comburg*

Eine Reise wert
Worth a journey

Lohnt einen Umweg
Worth a detour

Landschaft
Landscape

★★ **Rodos**
★★ *Fingal's cave*

★ **Korab**
★ *Jaskinia raj*

Eine Reise wert
Worth a journey

Lohnt einen Umweg
Worth a detour

Besonders schöner Ausblick
Important panoramic view

Ausflüge & Touren
Excursions & tours

Nationalpark, Naturpark
National park, nature park

Sperrgebiet
Prohibited area

Bergspitze mit Höhenangabe
in Metern
Mountain summit with height
in metres

Ortshöhe
Elevation

Kirche
Church

Kirchenruine
Church ruin

Kloster
Monastery

Klosterruine
Monastery ruin

Schloss, Burg
Palace, castle

Schloss-, Burgruine
Palace ruin, castle ruin

Denkmal
Monument

Wasserfall
Waterfall

Höhle
Cave

Ruinenstätte
Ruins

Sonstiges Objekt
Other object

Jugendherberge
Youth hostel

Badestrand · Surfen
Bathing beach · Surfing

Tauchen · Fischen
Diving · Fishing

Verkehrsflughafen
Airport

Regionalflughafen · Flugplatz
Regional airport · Airfield

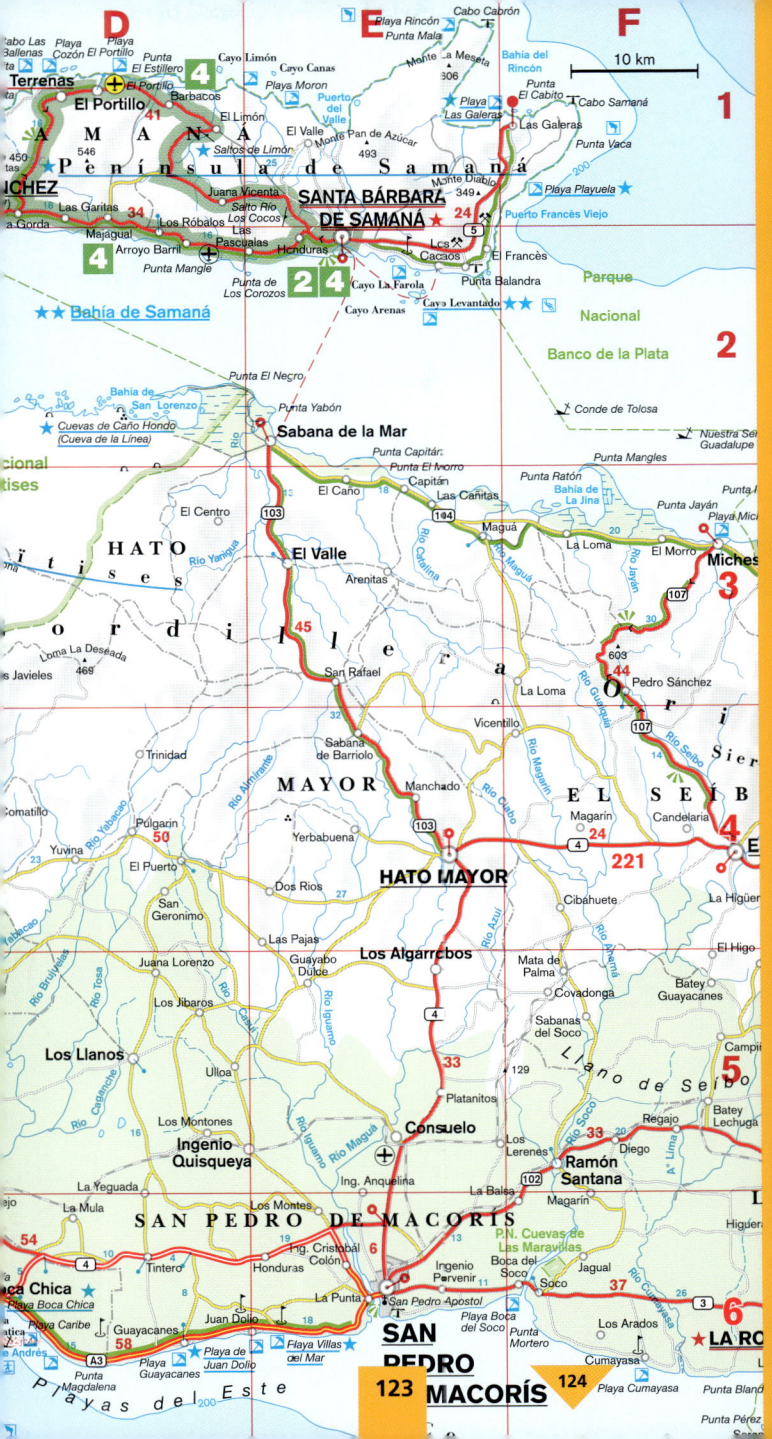

A   **B**   **C**

La Mar

¿ Conde de Tolosa

↖ Nuestra Señora de Guadalupe

↖ Scipion

Punta Capitán
Punta El Morro
Capitán
Las Cañitas
104
Maguá

Punta Ratón
Bahía de La Jina

Punta Mangles
Punta Jayán
Playa Miches
El Morro

Punta Icaco
Punta Gorda
Laguna Redonda
Parque Nacional Laguna Redonda y Limón

Puerto Limón Punta Limón
Punta del Ne
Laguna del-Limón
Laguna Nis

Miches

107
603

Altamira
El Cedro
Las Lisas

El Jovero
104

Pedro Sánchez
44
La Loma
107
Vicentillo

O r i e n t a l

701
736

Las Lagur

2
Manchado
103

Magarín
24
4

E L   S E I B O
Candelaria

S i e r r a   d e l   S e i b o

El Llano
El Cuey
Rincón
736

HATO MAYOR
221

EL SEÍBO
(117)

12

3
os Algárrobos
4

Cibahuete
La Higüera

El Higo
El Pintado
El Salado

101

El Pintado
4
15
Bejucal
31
La Enea
6
El Cerr
El Guanito
10
Sant
Nuestra de la Alt
Mata Chalupe

33
Platanitos
129

Mata de Palma
Covadonga
Sabanas del Soco

Batey Guayacanes
Campiña

Sabana
13
Guaymate
22
Jobo Dulc

Consuelo

Los Lerenes
33
Diego
102

Regajo
Batey Lechugá

Chavón Arriba
El Naranjo

L A   R O M A N A

Batey Higo Claro
Batey Estante A

M A C O R I S
4
13

Ramón Santana
Magarín
La Balsa

Higüeral

Guerrero
Aletón

16
101

Casa P

Anquelina
6

Ingenio Porvenir
11
Boca del Soco
Soco
Jagual

P.N. Cuevas de Las Maravillas

Batey Cacata
Gato
3
Bate
Mor
18

37
Los Arados
3
LA ROMANA

15
El Caletón
Altos de Chavón
Boca de Chavón
Cinc
8

SAN PEDRO DE MACORÍS
San Pedro Apostol
Playa Boca del Soco
Punta Mortero

Cumayasa
26
La Caleta

Fábrica de azúcar
La Romana
Casa de Campo
Punta Minas
Playa Las Minitas
Bahía de La Altagracia
Bayahibe

Playa Cumayasa
Punta Blandino
Punta Pérez
Serena Cay

Isla Catalina
Punta Berroa
1/2

Playa Dominicus

5
Parque Nacional Isla Catalina

Guaragu

C o s t a   C a r i b e

Mar Caribe

Paso de Catu

Punta Catuaño
Punta Gorda
Punta Delfin

Laguna Los Flamencos
Punta Laguna

St. Thomas (Virgin Islands)

6

1

O C É A N O

A T L Á N T I C O

2

3

4

5

6

Playa del Muerto ★
Punta Playa del Muerto
Cañada Honda
a Vacama
e Nisibón
P.N. Bahía de Maimón
Punta Puerto Escondido
Boca de Maimón
La Guama
Punta Sabaneta
Uvero Alto ★ Playa del Macao
Punta Macao
Cabo Cabezota de Barlovento
El Macao
104
105
El Salado
Bahía de Los Ranchitos
Arena Gorda
Bonao
Cañada Honda
El Cortesito
Playa El Cortesito
Los Ríos
La Cruz del Isleño
7
Bávaro
Reserva
Científica
ma Guaconeja
El Peñón
Cruce de
los Isleños
Cerro Gordo
3
Playa Bávaro ★★
Parque Nacional
Laguna Bávaro
La Otra Banda
31
Charca de
Bávaro
Punta de Los Nidos
Cabeza
de Toro
Cabo Engaño
HIGÜEY
(204)
106
5
Cruce de
O Verón
Laguna
El Caletón
Magdalena
Campo Nuevo
5
3
Punta Cana
Borrachón
La Matilla
LA ALTAGRACÍA
Platanal
7
Punta Cana
El Limón
La Piñital
Pantanal
Playa Punta Cana ★
Laguna de
Mala Punta
Laguna de
Mala Punta
10
Batey Maraguá
Juanillo
Punta Juanillo
Playa Juanillo
4
San Rafael del Yuma
Cayuba
Punta Espada
20
Cabo Cana
Boca de Yuma
La Playita
Playa Guanábana
Cueva de Bernard
Bahía
de Yuma ★
Cabo San Rafael
Punta Cuevita
Cabo Falso
Martel
Parque Nacional
Granchorra
60
del Este
Punta Algibe
Bahía Catalinita
Punta Puntón
Laguna Secúcho
Punta Roca
Isla Saona
Adamanay
Laguna Canto
de Laya
Punta Este
Punta Cana
Cayo Caballo Blanco
Canal de La Mona

200

10 km

125

MARCO ⊕ POLO

Für Ihre nächste Reise gibt es folgende Titel:

Deutschland

Allgäu
Amrum/Föhr
Bayerischer Wald
Berlin
Bodensee
Chiemgau/
    Berchtesgaden
Dresden/
    Sächsische
    Schweiz
Düsseldorf
Eifel
Erzgebirge/
    Vogtland
Franken
Frankfurt
Hamburg
Harz
Heidelberg
Köln
Lausitz/Spreewald/
    Zittauer Gebirge
Leipzig
Lüneburger Heide/
    Wendland
Mark Brandenburg
Mecklenburgische
    Seenplatte
Mosel
München
Nordseeküste
    Schleswig-
    Holstein
Oberbayern
Ostfriesische
    Inseln
Ostfriesland
    Nordseeküste
    Niedersachsen
Ostseeküste
    Mecklenburg-
    Vorpommern
Ostseeküste
    Schleswig-
    Holstein
Pfalz
Potsdam
Rügen
Ruhrgebiet
Schwäbische Alb
Schwarzwald
Stuttgart
Sylt
Thüringen
Usedom
Weimar

Österreich Schweiz

Berner Oberland/
    Bern
Kärnten
Österreich
Salzburger Land
Schweiz
Tessin
Tirol
Wien
Zürich

Frankreich

Bretagne
Burgund
Côte d'Azur
Disneyland Paris
Elsass
Frankreich
Französische
    Atlantikküste
Korsika
Languedoc/
    Roussillon
Loire-Tal
Normandie
Paris
Provence

Italien Malta

Apulien
Capri
Dolomiten
Elba/Toskanischer
    Archipel
Emilia-Romagna
Florenz
Gardasee
Golf von Neapel
Ischia
Italien
Italienische Adria
Italien Nord
Italien Süd
Kalabrien
Ligurien
Mailand/
    Lombardei
Malta
Oberitalienische
    Seen
Piemont/Turin
Rom
Sardinien
Sizilien
Südtirol
Toskana
Umbrien
Venedig
Venetien/Friaul

Spanien Portugal

Algarve
Andalusien
Barcelona
Costa Blanca
Costa Brava
Costa del Sol/
    Granada
Fuerteventura
Gran Canaria
Ibiza/Formentera
Jakobsweg/
    Spanien
La Gomera/
    El Hierro
Lanzarote
La Palma
Lissabon

Madeira
Madrid
Mallorca
Menorca
Portugal
Spanien
Teneriffa

Nordeuropa

Bornholm
Dänemark
Finnland
Island
Kopenhagen
Norwegen
Schweden
Südschweden/
    Stockholm

Westeuropa Benelux

Amsterdam
Brüssel
England
Flandern
Irland
Kanalinseln
London
Luxemburg
Niederlande
Niederländische
    Küste
Schottland
Südengland

Osteuropa

Baltikum
Budapest
Kaliningrader
    Gebiet
Litauen/Kurische
    Nehrung
Masurische Seen
Moskau
Plattensee
Polen
Prag
Riesengebirge
Rumänien
Russland
Slowakei
St. Petersburg
Tschechien
Ungarn

Südosteuropa

Bulgarien
Bulgarische
    Schwarz-
    meerküste
Kroatische Küste/
    Dalmatien
Kroatische Küste/
    Istrien/Kvarner
Slowenien

Griechenland Türkei

Athen
Chalkidiki

Griechenland
    Festland
Griechische
    Inseln/Ägäis
Istanbul
Korfu
Kos
Kreta
Peloponnes
Rhodos
Samos
Santorin
Türkei
Türkische
    Südküste
Türkische
    Westküste
Zakinthos
Zypern

Nordamerika

Alaska
Chicago und
    die Großen Seen
Florida
Hawaii
Kalifornien
Kanada
Kanada Ost
Kanada West
Las Vegas
Los Angeles
New York
San Francisco
USA
USA Neuengland/
    Long Island
USA Ost
USA Südstaaten
USA Südwest
USA West
Washington D.C.

Mittel- und Südamerika

Argentinien
Brasilien
Chile
Costa Rica
Dominikanische
    Republik
Jamaika
Karibik/
    Große Antillen
Karibik/
    Kleine Antillen
Kuba
Mexiko
Peru/Bolivien
Venezuela
Yucatán

Afrika Vorderer Orient

Ägypten
Djerba/
    Südtunesien

Dubai/Emirate/Oman
Israel
Jemen
Jerusalem
Jordanien
Kenia
Marokko
Namibia
Südafrika
Syrien
Tunesien

Asien

Bali/Lombok
Bangkok
China
Hongkong/Macau
Indien
Japan
Ko Samui/Ko Phangan
Malaysia
Nepal
Peking
Philippinen
Phuket
Rajasthan
Shanghai
Singapur
Sri Lanka
Thailand
Tokio
Vietnam

Indischer Ozean Pazifik

Australien
Hawaii
Malediven
Mauritius
Neuseeland
Seychellen
Südsee

Cityguides

Berlin für Berliner
Frankfurt für
    Frankfurter
München für Münchner
Stuttgart für
    Stuttgarter

Sprachführer

Arabisch
Englisch
Französisch
Griechisch
Italienisch
Kroatisch
Niederländisch
Norwegisch
Polnisch
Portugiesisch
Russisch
Schwedisch
Spanisch
Tschechisch
Türkisch
Ungarisch

Im Register finden Sie alle in diesem Reiseführer erwähnten Orte, Ausflugsziele und Strände (P. N. = Parque Nacional). Halbfette Seitenzahlen verweisen auf den Haupteintrag, kursive auf ein Foto.

REGISTER

Schreiben Sie uns!

Liebe Leserin, lieber Leser,

wir setzen alles daran, Ihnen möglichst aktuelle Informationen mit auf die Reise zu geben. Dennoch schleichen sich manchmal Fehler ein – trotz gründlicher Recherche unserer Autoren/innen. Sie haben sicherlich Verständnis, dass der Verlag dafür keine Haftung übernehmen kann. Wir freuen uns aber, wenn Sie uns schreiben.

Senden Sie Ihre Post an die MARCO POLO Redaktion, MAIRDUMONT, Postfach 31 51, 73751 Ostfildern, info@marcopolo.de

Impressum

Titelbild: Palmenstrand (Look: Wothe)
Fotos: R. Hackenberg (1, 12, 22, 84, 87, 98); HB Verlag: Huber (U. M., 2 o., 5 l., 32, 39, 67, 70, 97); G. Jung (2 u., 20, 92); Laif: Bialobrzeski (4, 26, 41), Huber (6, 9, 11, 17, 18, 25, 30, 33, 35, 51, 56, 60, 61, 78, 80, 83, 88, 90, 94), Tophoven (7, 64); Look: Frei (14, 24, 27, 46), Heeb (5 r., 72), Wothe (111); Schapowalow: Atlantide (77); P. Spierenburg (21, 43, 54, 59); M. Thomas (U. r.); Timmermann (U. r.)

11., aktualisierte Auflage 2005 © MAIRDUMONT, Ostfildern
Herausgeber: Ferdinand Ranft, Chefredakteurin: Marion Zorn
Redaktion: Nikolai Michaelis, Bildredakteurin: Gabriele Forst
Kartografie Reiseatlas: © MAIRDUMONT/Falk Verlag, Ostfildern
Vermarktung: MAIRDUMONT MEDIA, media@mairdumont.com
Gestaltung: red.sign, Stuttgart
Sprachführer: in Zusammenarbeit mit Ernst Klett Sprachen GmbH, Stuttgart, Redaktion PONS Wörterbücher
Das Werk einschließlich aller seiner Teile ist urheberrechtlich geschützt. Jede urheberrechtsrelevante Verwertung ist ohne Zustimmung des Verlages unzulässig und strafbar. Das gilt insbesondere für Vervielfältigungen, Übersetzungen, Nachahmungen, Mikroverfilmungen und die Einspeicherung und Verarbeitung in elektronischen Systemen.
Printed in Germany, Gedruckt auf 100% chlorfrei gebleichtem Papier

Bloß nicht!

Auch in der Dominikanischen Republik gibt es Dinge, die Sie wissen müssen oder besser nicht tun

Artenschutz missachten

Schmuck- und Dekorationsstücke aus schwarzer Koralle, Schildkrötenpanzer oder Krokodilleder sind Produkte aus geschützten Tieren und Pflanzen, mit denen nach dem Washingtoner Artenschutzabkommen nicht gehandelt werden darf. Das mangelhaft ausgeprägte Umweltbewusstsein in Ländern der Dritten Welt sollte deshalb nicht durch den Erwerb solcher Souvenirs unterstützt werden – abgesehen davon, dass ihre Einfuhr in Europa verboten ist. Das Gleiche gilt natürlich auch für lebende Tiere und für bestimmte unter Naturschutz stehende Pflanzen, zum Beispiel Orchideen.

Drogen

Das Gesetz verbietet sowohl Handel wie Besitz und Konsum von harten Drogen, aber auch von allen Pflanzen (und daraus hergestellten Produkten) der Cannabisfamilie, also etwa Marihuana. Extreme Vorsicht ist bei Unbekannten geboten, die Sie um einen Freundschaftsdienst bitten, zum Beispiel, ein Paket mit auf die Heimreise zu nehmen.

Schwarzer Geldtausch

Obwohl der Erlass, der einen Umtausch von Fremdwährung in Dominikanische Pesos nur in Handelsbanken erlaubt, bei kleinen Summen meist nicht so genau genommen wird: Seien Sie vorsichtig bei Angeboten auf der Straße, größere Summen zu tauschen; hier kann man in eine Falle geraten.

Leichtsinn

Mit fortschreitender »Überfremdung« des Landes kommen vor allem in den Touristenzentren immer häufiger Überfälle vor. Urlauber können dem vorbeugen, indem sie nicht in dunklen Vierteln herumspazieren und Wertsachen nicht offen herumliegen lassen. Auch Autos sollten auf gesicherten Parkplätzen abgestellt werden. Besonders gefährlich ist Sorglosigkeit beim Autofahren, zumal es auch bei einem offensichtlich unverschuldeten Unfall meist an Beweisen für die eigene Unschuld fehlt. Auch Leichtsinn bei der Wahl eines Ausflugsveranstalters kann schlimm enden. Besitzt er z. B. keine Lizenz und baut einen Unfall mit Toten, zahlt deren Lebensversicherung nicht – wegen grober Fahrlässigkeit.

Nepp

Jeden Preis zu akzeptieren, das heißt, die Spielermentalität so mancher Dominikaner arg herauszufordern. Es ist immer lohnend, wenn Sie als Tourist über die üblichen Preise Bescheid wissen, auch beim Busfahren.